PRINCIPAL
wisdom

◎ 杨 东 著

U0727593

以美育美

首都

校长

教育智慧库

北京日报 报业集团
同心出版社

图书在版编目（ＣＩＰ）数据

以美育美 / 杨东著. -- 北京 ：同心出版社，
2014.2
　（首都校长教育智慧库）
　ISBN 978-7-5477-1067-8

　Ⅰ. ①以… Ⅱ. ①杨… Ⅲ. ①中小学教育－美育－教
学研究 Ⅳ. ①G40-014

中国版本图书馆 CIP 数据核字(2014)第 025750 号

以美育美

出版发行：同心出版社
地　　址：北京市东城区东单三条 8-16 号　东方广场东配楼四层
邮　　编：100005
电　　话：发行部：（010）65255876
　　　　　总编室：（010）65252135-8043
网　　址：www.beijingtongxin.com
印　　刷：山东旺源印刷包装有限公司
经　　销：各地新华书店
版　　次：2014 年 2 月第 1 版
　　　　　2020 年 1 月第 2 次印刷
开　　本：787 毫米×1092 毫米　1/16
印　　张：9
字　　数：98 千字
定　　价：29.80 元

《首都校长教育智慧库》发起校长（按姓氏笔画排列）

王　时　北京市第二十七中学校长

王　阔　北京市顺义区马坡第二小学校长

齐振军　北京市朝阳师范学校附属小学校长

刘卫红　北京小学通州分校校长

刘向东　北京市顺义区木林中心小学校长

刘显洋　北京小学丰台万年花城分校校长

兰永平　北京市昌平区第四中学校长

闫　伟　北京市海淀区永泰小学校长

纪世铭　北京钢铁学院附属中学校长

沙晓燕　北京市房山区良乡中心小学校长

李文凤　北京市史家小学通州分校校长

张兆宏　北京市通州区运河小学校长

张桂明　北京市大兴区团河小学校长

张富国　北京市第二实验小学大兴实验学校校长

吴晓波　北京市延庆县第一小学校长

杨　东　北京市通州区梨园镇中心小学校长

郝素梅　北京市大兴区黄村镇第一中心小学校长

段兰华　北京市丰台区实验小学校长

尉小珑　北京市西城外国语学校校长

高　淳　北京市东城区校尉小学校长

彭　藐　北京市东城区和平里第一小学校长

廖文胜　北京市光明小学校长

《首都校长教育智慧库》支持发起媒体

《北京日报》专刊部

《当代家庭教育报》

同心出版社

总 序

智慧塑造教育品质 责任彰显生命精彩

校长的教育智慧是校长学习、思考、反思、感悟的内化凝炼。它直接影响着一个学校教育品质的形成，同时也是校长开展好教育及学校各项教育教学工作的内在力量源泉。一直关注、关心首都教育并一直支持着《首都校长教育智慧库》组编工作的陶西平老师曾说，校长要静心思考教育，一方面，校长间要交流，通过交流，产生碰撞，促进思考；另一方面要加强反思，通过反思，系统梳理，提升思考。

近几年，在首都校长间流行着一种"微沙龙"，不同区县的校长，少则三五人，多则八九人，不定期相聚在一起，交流观点，互陈心得，倾心探讨，颇有收益。这其中，有教育智慧的碰撞，也有对学校管理工作的精辟见解，更有对解决教育中现实问题的真知灼见。言谈间展现了作为一名校长的责任感，展示了对促进教育发展的执着追求。参与微沙龙聚会的各位校长认为，这种"微沙龙"是促进校长成长的一个途径。校长们觉得，如果这些碰撞出的校长智慧能够留住，惠及更多的校长，会更有意义。于是汇编"校长智慧文库"的动议便呼之欲出。

这一动议很快得到了一些校长的积极反馈。段兰华、刘显洋、郝素梅、尉小珑、张兆宏、齐振军校长从不同角度提出了"智慧库"的整体构思，建议将文库的系列图书定名为《首都校长教育智慧库》。联合更多的校长参与，本着自发、自愿的原则，共同围绕落实"教育纲要"、践行"北京精神"做件实事，从成长、发展、创新的角度展示首都校长的智慧风采。

在2011年仲秋和2012年初冬，全程参与策划的李江先生分别与刘显洋校长、彭貌校长邀请北京市不同区县的17名中小学校长，在北京小学丰台万年花城分校和北京市东城区和平里第一小学召开了《首都校长教育智慧库》策划商讨会。刘显洋校长、彭貌校长作为东道主分别主持了商讨会。

会上，校长们就《首都校长教育智慧库》的编辑工作进行了充分讨论，大家一致认为：编辑《首都校长教育智慧库》是展示首都教育的平台，是首都校长思想智慧交流的平台，是促进校长专业发展的平台，有利于促进校长静心深入思考教育，梳理教育思想，总结办学思路，对落实《国家中长期教育改革和发展规划纲要》，促进首都教育的均衡发展、提升首都教育综合水平有着重要意义，还能够有效地树立首都北京的文化创新形象，也是校长心系学生发展、心系首都教育、

心系纲要落实的具体创新行动。

会上，校长们就《首都校长教育智慧库》的组稿工作进行了充分讨论，确定了组织、内容、编辑等工作思路：

根据尉小珑校长的建议，将组织参编《首都校长教育智慧库》的过程，定位为"校长调动思想内存，全方位思考教育，服务教育的提升过程"。将校长多年以来对教育思考、实践进行梳理和总结。

根据齐振军校长"挖掘校长智慧"、"校长要自觉、自愿"的建议，将"热爱教育、善于思考，具有创新发展意识，重视学生成长、可持续发展"作为"入库"校长的基本条件。校长自发参与，更能体现校长对教育的热爱，更能体现校长的责任意识。

根据刘显洋校长"要体现首都特质"的建议，确定了"面向全市，定向邀请，自愿参与"的组稿原则，"入库"校长涵盖北京市16个区县，各区"入库"校长能体现本区的高水平，"全库"校长能体现首都教育的水平，最终要体现首都校长们的思考的智慧。

根据李文凤、张兆宏、张桂明、杨东、刘显洋、闫伟等校长建议，确定了书稿内容要求。即全书内容要突出"四性"：独特性、实践性、实用性、前瞻性；具体内容要突出"三鲜"：鲜活、鲜明、鲜实；观点、案例要立足"二本"：本校、本人；所有内容围绕"一心"：促进教育发展为中心，体现校长的最高教育智慧。

根据郝素梅校长的"要严格保证科学性"、"要把好审读关"的建议，确定了"先读后编"原则。即所有稿件先由二位以上校长作"第一读者"，之后再进入编辑程序。把编辑过程当作交流、提升的过程。进一步完善了编辑思路。会后，根据推荐和自荐的原则组成了以现任校长为主体的《首都校长教育智慧库》编辑委员会。

编委会就相关出版事宜与同心出版社进行了沟通，得到了出版社的赞赏和支持，专门成立了编辑组，并将《首都校长教育智慧库》列为同心出版社重点图书选题，根据出版社建议，郝素梅、李文凤、刘显洋校长撰写推荐函，推荐申报北京市重点图书选题。

《首都校长教育智慧库》的起点，源于首都校长的智慧；《首都校长教育智慧库》构思的完善，受益于首都校长的智慧；《首都校长教育智慧库》的出版，体现的是校长教育智慧的升华。将会展现首都更多校长的智慧和他们心系学生成长，献身教育事业的风采。

真诚地期望《首都校长教育智慧库》能为首都教育的发展出点力，能对广大校长朋友的专业成长有所帮助。

《首都校长教育智慧库》编委会
2012年5月

自 序

    2008 年 7 月 10 日，我从通州区第一实验小学调到梨园镇中心小学当校长。角色转换得很突然，从教学副校长单一抓教学到主管学校全面工作，对于我来说是个挑战。好在我们有一个团结协作的领导集体，有一个师德高尚、业务精湛的教师团队。在他们的协助、支持之下，到现在将近 5 年的时间里，我们取得了一项又一项的荣誉，捧回了一个又一个的奖杯，社会声誉越来越好。每到此时，内心便会充满感激，很庆幸能够成为这个优秀团队中的一员。作为一个管理者，能够带领大家在一条正确的道路上做一些正确的事情，并且把事情做好，自己感觉很欣慰。我们所做的正确的事情主要指以下三个方面：

    首先是我们重新梳理了学校办学思路，认真思考了"我是谁？我从哪里来？我要到哪里去？"这三个哲学问题，为学校确立了明确的办学方向。

    梨园镇中心小学在小学规范化建设之初就提出了"以人为本，全面发展"的办学理念，确立了"以美育人，育人臻美"的办学特色。我们新的领导集体经过理论学习，综合学校现状，把学校办学特色定位为"以美育人，和谐发展"，力求在"感受美""欣赏美""创造美""传播美"的办学理念指引下，通过实施美育，促进学校、教师、学生的和谐发展，因为和谐是美育的最高境界。在此基础上，制定了《"以美育人，和谐发展"特色建设三年规划》，提出了"创设校园优美环境，锻造教师美丽人生，塑造学生美好童年，实现学校和谐发展"的特色目标和让每个师生都精彩的共同愿景。在实践中，我们选择了"校园文化、德育、教学"三个途径，通过不断地"实践－反思－实践"的过程打造我们的办学特色，构建和谐学校。

    其次是为教师的专业发展服务，让教师体验在工作中成长的快乐与幸福。现代社会物质财富不断增长、闲暇时间充足，在教师中出现了职业倦怠，工作的积极性主动性不足，他们需要在业务和精神层面有专业的引领。我们的"以美育人"要求教师内在美与外在美和谐统一，不仅要在专业上获得发展，同时也要在教师职业生涯中体验到教师职业的快乐与幸福。

为此我们请了北京教育学院美学专家乔国华教授做《教师礼仪》讲座，提升教师的美育素养，同时适时地出台了《梨园镇中心小学教师校内仪表要求》；先后三次组织全体教师到昌平、怀柔、延庆拓展基地请专业拓展师做拓展培训，通过培训提高了团队的凝聚力，引发了教师对自身职业的深度思考；开展教师读书活动，为教师购买专业及人文类图书，以此来提升教师的专业素养、人文素养；把教师送到校外向专家、大家、名家、名校学习，先后选派10余名干部教师去辽宁、上海、湖南、山东学习，选派7名优秀青年教师参加北京市农村教师工作站的脱产学习，2010年暑假选派一名英语教师去美国密苏里大学进修学习六周。2012年12月、2013年4月干部教师20余人次分别走进山东省德州市平原县、潍坊市学习考察单元主题教学。2013年春季学期我们进行了语文课程改革，将单元主题教学、海量阅读、随笔化作文整合为"1+x+y+z"教学模式。这项改革激发了广大教师的积极性，同时也迁移到了其他学科，全校充满了浓浓的教育改革气息。

第三是为学生的发展服务，为学生们的终生发展奠定基础。

新课程的核心理念是以人为本，是为了每个学生的发展。因此，为学生服务应成为校长管理学校的出发点和归宿。为学生发展服务，学校的一切决策都要以有益于学生发展为中心，努力为学生发展创造必要的条件，提供良好的学习环境。关心生命成长，真正让学生通过接受教育而获得幸福。

主要体现在三个方面：

一是通过语文课程改革，学生们博览群书、擅长写作，提高了语文素养人文素养。

二是以"乡村学校少年宫"为依托，培养学生广泛的兴趣特长，实现全面发展。

北京市通州区梨园镇中心小学乡村学校少年宫于2012年11月正式挂牌成立。根据上级关于乡村学校少年宫的相关要求，我校积极进行了制定与完善各项制度、外聘及培养教师、统筹安排学生的各项活动项目与时间等，初步完成了乡村学校少年宫建设的基础工作。

我校的乡村学校少年宫在原有的青少年活动站的基础上开始进行初步建设，开展了各种类型的活动。学校挖掘教师自身特长，开展多彩课堂活动。目前，学校有70%以上的教师都参与到了乡村学校少年宫的活动中来，开发了16个活动项目：歌舞类、体育类、美工类等。教师们一身兼多职，做到课上是任课教师，下课就是活动辅导员。

　　学校长年聘请具有专业水平的教师辅导学校课外活动。目前学校有合唱队、舞蹈队、民乐团等多个课外活动团体，大部分由外聘专业教师辅导。特别是学校民乐团已经聘请了8名校外民乐专业教师来校辅导，辅导项目有葫芦丝、古筝、竹笛、大提琴、扬琴、二胡、琵琶等。不到一年的时间，学校民乐团的规模与水平都有了很大提升。

　　乡村学校少年宫的设立能够为梨园地区的少年儿童提供适宜的场地和与其相配套的活动材料，成为学生进行实践创新的园地。学生们可以依托学校的环境、场地、设施、师资参与丰富多彩的文体活动，并在健康快乐的活动中得到体验与爱。我校乡村学校少年宫的活动内容丰富，形式多样，深受广大少年儿童的喜欢。他们乐于参与，积极性高，在活动中不断开阔视野，提高技艺，开发潜能，感受快乐，成就精彩。

　　几年的时间里，我围绕着学校、教师、学生发展这个核心，立足本职做了一些工作，见到了成效，尤其是教师的业务水平在不断提高，一批青年教师脱颖而出，学生的综合素质在各级各类活动中也得到了彰显，自己心中充满了喜悦，每天都在工作岗位上忙碌并快乐着，这也许就是和谐的标志吧！

杨东

2013 年9月10日

目　录

第七章 新美育教学过程中的审美建设

第一章 新美育的形成与发展

"以美育美"是北京市通州区梨园镇中心小学多年坚守、不断完善的办学理念，更是学校一切教育教学活动的总引领。我们要理解在素质教育背景下的新美育，便首先要从其形成与发展开始谈起。在具体的美学、美育发展过程中，在东西方历史、文化融会贯通的过程中，美学思想与美育的形成都是源远流长的。

一、西方美育思想的由来与发展

通过对西方美育思想进行了解，我们发现西方美育思想的源头一直可以追溯到西方文明的开端——古代希腊半岛的爱琴海文明时代，而当时的多种希腊神话故事，已经明显地表示出了人对美的追求，爱与美之神阿芙罗狄蒂的频繁出现，因美丽的海伦而引发的长达十年的特洛伊战争，都是当时时代对美的追求的典型艺术写照。

◆ 西方美育思想的萌芽

哲学家毕达哥拉斯及其学派中人主张"音乐可净化人的灵魂"，可以算得上是在西方最早出现、将美育思想明确表达的第一人。在毕达哥拉斯看来，"净化"既是心灵的，同时也是道德的，净化的目的也同时包含着建构起一种道德的心灵——"美德"。美成为了通往美德的桥梁，同时也成为了美的最终追求。

艺术本身就具有强大的净化作用，这种净化作用其实就是教育作用。在毕达哥拉斯其人与其门人眼中，艺术能够使个人的性格、性情得到彻底的改变。这种改变之所以会发生，是因为在接受艺术熏陶的过程中，人的心理出现了变化——或平和、或激昂的美好艺术作品，使个体获得了内在的和谐，而当内心获得了和谐以后，外在也必然会表现出这种和谐。

其实，这种因为欣赏内容的不同，而引发的心理变化在我们的生活中时时发现，比如，倾听不同的音乐风格时，听众的心情也将出现不同的变化。只不过，毕达哥拉斯认为，长久的音乐熏陶，将会进一步促进性格上的变化：多听刚强的乐调，可以使柔弱者变刚强；多听柔和的音乐，可以使暴躁者变得温柔。

不过，当时毕达哥拉斯将道德单纯地用一个原理来进行说明，即"数"——在他与门人看来，科学与美皆是由数学组织而成的。如今来看，这种归纳明显不足，更无法建立起真正的道德理论，但这毕竟是西方教育史上首个"试图讲述道德"，并将道德与美结合在一起的实例。毕达哥拉斯还提出了"美德是一种和谐"，这种内含美育的古代雅典教育实践为美育的思想发展奠定了牢固的基础。

毕达哥拉斯的美育思想出现并非偶然，在古希腊时期，教育分为斯巴达教育与雅典教育两种。

在西方教育史上，斯巴达式教育以严格、野蛮而著称，它崇尚武功，更对军事教育极为重视。不过，对武力的推崇并没有让它放弃其他教育内容。在斯巴达教育中，音乐同样被摆在重要位置上，在当时，音乐经常被用来鼓舞士气、提高士兵勇气与组织纪律性。

雅典教育所崇尚的是文化陶冶，这与它政治民主、经济发达有着直接的关系。它不仅要求将学生培养成勇气与体力并存的军人，同时还要将个人培养成具有文化修养、多种才能、善于通商交往的商人与政治家。因此，在雅典教育中更强调德、智、体、美全面发展——这与我们当代所强调的素质教育有所相似，它也是一种崇尚个性自由、多彩的教育。

在这两种不同教育方式的基础上，西方美育思想开始萌芽产生。除了毕达哥拉斯"音乐净化心灵"以外，柏拉图也在自己的《理想国》中提出了美育的思想。柏拉图认为，教育应先"用音乐教育心灵，用体育锻炼身体"，再将两种教育方式融合在一起，共同对人的心灵进行改善。他指出，从形体美开始，人们的心灵也会受到陶冶，在心灵美得到发展的同时，行为美、制度美与知美也将获得发展，最终，自身终将获得思想的关照，达到理念中的世界。

与毕达哥拉斯相比，柏拉图提出了除了音乐以外，其他艺术美与自然美也可以美化个人心灵，陶冶个人性情，他强调应从小培养起青少年"爱美之心"，以求在成人后，用这种美来约束个人情感。

随后，亚里士多德又提出了"和谐教育"，将美育的思想进一步明确。他的"和谐教育"包括了阅读与书写、体育锻炼、音乐与绘画、道德品质的培养等多个方面，同时，将和谐教育的重点放在了审美教育（着重于音乐教育）的方面。亚里士多德指出，美育"不应只为着一个目的，而是应同时为了达到几个目的而进行，即教育个人，净化心灵，提供精神享受……"

可以说，柏拉图与亚里士多德都继承并发展了毕达哥拉斯的"美德"思想，

柏拉图将公正、智慧、意志与节制视为希腊四大美德。他与亚里士多德都将公正视为所有德行的总体，同时，亚里士多德还认为"美是一种善"，从而将美、善、美育、德育进行了统一。

在古希腊时期，思想家们虽然纷纷对美育进行了相应的阐述，但是在这一时期，美育的力量并未得到完全的发掘，人们更侧重于将德育与美育相结合，并强调，只有通过艺术或其他教育方式，才能获得美育的效果。因此，在这一时期，美育仅仅是一种伴随性产物，而无法称之为独立的学科。

◆ 西方美育的初具形态

到了文艺复兴时期，人道主义思想全面觉醒，在崇尚自由的思想与文化氛围中，西方美学与美育思想也获得了广泛的发展，并最终促进了美育的初步形成。

维多里诺是文艺复兴时期的首个美育思想家，他主张建立起人文主义的学校，为儿童营造起优美的学习环境，同时他还将音乐、体育、文学、天文学等多项艺术课程纳入教学中，其教育目的也是为了使学生的身心、智力与道德获得同步的和谐发展。除此以外，维多里诺还主张让孩子们在自然中学习，他精心组织了多种形式的户外体育活动，并改革了多项教学方法，根据儿童的兴趣与特长，使用参观、实践与游戏等多种方式进行教学。

思想家卢梭也是美育发展者之一，在自己的教育学著作《爱弥儿》中，对自然之美进行了深入的探索，并形成了自己的自然主义教育与崇尚自然美的美育思想。卢梭主张通过绘画、音乐、游戏与劳动等多重艺术形式，将儿童培养成感性与理性相结合的健康个体。

伊拉斯谟、拉伯雷、蒙田、托马斯·莫尔等人，都对美育的发展做出了积极的贡献。他们认为教育应从多维度、多方面展开，学生在学校学习的相关内容也需要通过劳动、社会实践相结合的方式，来实现知识的现实运用。这些教育家皆主张，使儿童通过知识教育，成为更好的个体。

在这一时期，教育中的美育内容已经初具雏形：它主张发展个体兴趣、通过多种灵活教学，使教育脱离枯燥的环境，演变成一场富有吸引力、轻松而又愉快的活动。通过教育学家们的大力推进，再加上时代大环境中艺术与学校的空前繁荣，当时的大多数学校开始尝试将音乐、绘画、体育、劳动等多种科目融入学校生活中，美育逐渐演变成一种现实。

◆西方美学系统化

将美育系统化地提出并将审美教育真正当成一门理论来研究的，是18世纪的德国教育学家席勒。当时，席勒受到丹麦王子克里斯谦的资助，为了感激这种无偿的资助，席勒先后写出了有关美感教育的27封信，这些信经后人整理，成为《美育书简》，而此书也正是西方"首部系统化阐述美育的书籍"。书中，席勒首先使用了美育的概念，同时对美育的内容、性质、任务与社会意义进行了阐述与分析。

席勒将人类的活动细分为了"知、情、意"三个部位，并指出审美判断是将道德与认知进行沟通的最好桥梁。

《美育书简》所探讨的基本问题，就是如何去解决因为社会急剧发展而导致的人格分裂，使人格分裂进一步走向人格完善、人身自由的问题。席勒提出，想要解决问题，首先要审美教育来实现人性的自由与人格的完善，并强调："想要将感性的人变成理性的人，最好的方法是使他成为审美的人。"

在席勒看来，美育在个人发展过程中起着毋庸置疑的作用，它使"感性者培养起理性，理性者拥有感性"，引导个人从自然状态进一步迈向道德状态，并进而培养起美好的心灵与完善的人格，从而由个人的成长换回整个社会的进步。席勒认为真正的艺术应是自由的，现实的残酷抑制了人性的发展，而艺术却保存了人性的完整与自由："人性已经丧失了尊严，但是艺术却拯救了它，并将它保存了在意味深长的金石中"，就如同"真理的写照使真理的原型得以恢复"一般，"高尚的艺术远比高尚的自然更能持久"，它甚至在真理真正被发觉以前，便已以使"人性变得灿烂夺目"了。

席勒将美育由教育功能进一步扩展到了社会改革方面，使美育真正地成为了社会学科中的一种；同时他还从人性的高度去探讨美育，使美育的理论被进一步深化——自席勒以后，西方美育成为了一门系统化的教育理论，并获得了教育界的更多认可。

在19世纪中叶以后，因为工业的飞速发展，工艺美学、生产美学进一步发展、促进与产生。此时，实用美学与实用艺术教育皆获得了极大的发展。美育与美学，就进一步从实用发展到了欣赏，又由欣赏进一步向着实用的发展，不断地辩证进步着、发展着。

二、从"先王乐教"看中国传统美育

与西方美育发展相比之下，中国古代美育从最初便已经形成了"礼乐教化"

的核心理念，同时，这一理念由"乐教"、"诗教"等多种途径展开。而这一美育思想的起源即是先秦文献中所记录的"先王乐教"。可以说，"先王乐教"思想不仅使中国数千年的美育思想受到了影响，同时也为中国美育思想的产生、发展奠定了深厚的基础。

◆从"先王乐教"谈儒家美育思想

在先秦时期，"先王乐教"是一种普遍性的认识，虽然对这一思想的认可主要存在于儒家思想中，而道、法、墨诸家对其持有批判态度，但是，皆对其存在进行了传统性的思考。

乐教最早出现于尧舜时期。在《尚书·舜典》中有记载："诗言志，歌永言，声依永，律和声。八音克谐，无相夺伦，神人以和。"这里的"神人以和"所指向的正是"乐教"所起到的作用，而其中的"诗、歌、声、律"可统称为"乐"，从这一点来看，"先王乐教"可算得上中国美育思想的起源。

不过，因环境限制，尧舜时代是不可能出现自觉的美育的。"先王乐教"也多用于贵族子弟的教化上。在周朝时期，"乐教"逐渐地演变成调和阴阳、培养万民之美的工具。对此，《吕氏春秋·古乐》中有记录："昔古朱襄氏之治天下也，多风而阳气蓄积，万物散解，果实不成，故士达作为五弦之瑟，以来阴气，以定群生。"该书中还记录，古帝颛顼用《承云》之乐"祭上帝"，帝尧以《大章》之乐"祭上帝"，而此时的乐，便成为了祭祀神灵的工具。

虽然这些后代所叙述的记录难免有理想化的成分，但是我们可以从中看出，作乐、用乐始终是包括尧舜禹在内的"先王"治国、平天下的工具，同时与宗教、政治甚至是道德的教化有着密切的关系。

"文武兼备"的教育思想也是从周朝开始出现的，周成王有所谓"文武俱行，威德乃成"的思想；而在东周时更出现了"六艺"之说：礼、乐、射、御、书、数，而这六艺则包括了当今德、智、体、美等多种教育因素，而其中，"乐"与"书"中都有美育成分的存在。

随后，以孔子为代表的儒家思想家的学说中，更是蕴含着丰富的美育思想。孔子曾言："文质彬彬，然后君子。"他将情与理进行了平和的协调，通过外在表现与内在修养的一致作为理想人物的具体描述。在《论语》中还有"兴于诗，立于礼，成于乐"之说，将"诗"与"乐"视作通往个人更高修养的重要途径。

自孔子开始，儒家开始主张"礼"、"乐"并行，并要求用"礼"来规范个人的言行举止与人际关系，用"乐"来陶冶个人性情，使社会风尚受到影响。孔

子期望通过"志于道，据于德，依于仁，游于艺"的教育方式，使道德这一高尚、不可见的内容，通过"乐教"、"诗教"进一步内化为个体的自发要求，进而让人从内心深处向往仁义，自发自动地进行伦理原则的实践，并以此为乐，达到"从心所欲而不逾矩"的地步。

在孔子的思想中，"乐教"可以通过多方面实现，闻韶乐"三月不知肉味"，是从艺术欣赏中获得"教"，"浴乎沂，风乎舞雩，咏而归"，"智者乐水，仁者乐山"是通过游历大自然中获得"教"；"一箪食，一瓢饮，在陋巷，人不堪其忧，回也不改其乐……"则是从日常生活中获得"教"。而此时的"乐"也早已由简单的"音乐"进一步上升成为了可以引起内心兴趣、对生活热爱的多种形式，它可以是音乐，可以是绘画，可以是旅游，更可以是普通的生活实践。

在孔子之后，荀子进一步发展、继承了乐教的作用。"夫声乐之入人也深，其化人也速所谓"。荀子所说的"入人也深"便是指"乐"可深入到人的内心，"化人也速"则是指"乐教"可以使人以较快的速度获得教化。

这是我国古代儒家思想家在美育方面的一种看法。可以说，中国古代人文与审美思想进行良好结合的关键就是在于这种"由心的教化"。"乐"、"诗"不仅有教化功能、情感泄导功能与养性怡情功能，同时还将艺术活动、生活乐趣与人生境界的提升进行了紧密的联系，而这一时期的美育思想影响了随后长达几千年的中国古代教育。

◆道家思想：深入个体感受的生命美育

与儒家相比，道家的审美教育则由"道"而起，主张"无为而无不为"。道家这种以"道"、"无为"为主题的美育思想发源于《老子》，并在《庄子》时期获得成熟。如果曾经对儒、道两家的思想进行过深入了解的话，我们便能够得知，与儒家所主张的"齐家、治国、平天下"相比，道家更重视个体的生存质量，它所关注的，是那个时代的"个人"，而它所提供的，是为受到社会束缚的个体找到一条通往艺术化的生存道路。

在《庄子》之前，老子追求的是"圣人"式的理想人格，他所主张的"无为"、"自然"、"虚静"等方面，也是由人格塑造方面为主的。老子的美育思想对个人价值极为推崇，他将个人自由推向了生存的最高层次，并追求"万物归一"，因此，我们可以说，老子的思想是生命式的美育。老子认为，健康、纯美、脱俗的人格是理想型的人格，这种人格理想所体现的是至美、至乐、至真、至善的追求。这种追求也进一步表现出了老子"真、朴"的审美价值取向与返璞归

真、"见素抱朴，少私寡欲"。可以说，与儒家美育思想相比，老子更追求空灵的、豁达的人生境界。

《庄子》对《老子》中所表述的"道"进行了阐述，同时又对其进行了发展。庄子更注重的是个人的审美教养，他根据老子的"无为"思想，进一步提出了"天地有大美而不言"的美学命题。在庄子的眼中，美是超功利的，美体现于自然、无为，它既有目的又无目的，合目的而又合规律。感悟到了自然无为的"道"，便得到了"至美"。而达到这种审美境界，并不是依靠审美教育，而是凭借个人的审美修养。

不过，庄子的美育主张也属于生命美育，他追求通过对"道"的体验，达到"至美至乐"的境界，进而获得生命自由的境界。这种基本的、自由的生命观与价值观，形成了其美育思想的基本框架。而从老子与庄子开始成熟的道家美育思想，通过"庖丁解牛"、"轮扁斫轮"等多个寓言故事，向我们揭示的正是人们在现世生活中对"道"的追求与持有。

儒家所强调的是"修身养性、齐家治国平天下"，这种美育更偏向于功利性的审美，道家所主张的则是超功利性的、个人心灵上的提升。虽然其各有片面之处，但是两种美育思想又同时起到了互补的作用。这两种美育思想对于我们完善、实现与后续的美育思想、美育功能都有极大的帮助。

秦朝以后，各个朝代的统治者因为看重儒家思想中的"教化万民"之作用，使儒家的伦理思想得到了极大的弘扬。在这种弘扬中，儒家思想中有社会规范作用的思想被进一步发扬，并衍生出了新的学说，如，董仲舒便曾经将诗、乐当成实施"五者"、"教化"的一种工具。而老庄的生命美育学说也在后世发展成为了玄学，虽然其中也有"传神写照"、"得意忘象"等对个人审美追求的表现，但是，与教育领域却已相去甚远。

在唐、宋、明、清时期，审美与教育已经彻底割裂开来，著名文学家韩愈便认为，教化的目的在于"明先王之教"，而施教重点也不在提升个人素养，而是重在通过"仁、义、道、德"的"闻道"，来达到维持政治统治的目的。此类思想的最典型代表便是宋代朱熹，他进一步强调了"四书五经"的政治教化作用，虽然其中也有"感激兴发人心"的少量美育内容，但毕竟这一时期的教育更偏向于礼法教育。

虽然审美教育在后世官方教育中被搁置，但是在个人生活中却并未被遗忘，而是在少数人的手中得到了发扬光大：王羲之在游历中感悟到山水之美，阮籍于

荒野中独自驾车狂奔，同时又因"穷途"而痛哭返回；支道林因感"冲天之物，宁为耳目之玩乎"而放鹤归林……这些都是因为个人审美观点的不同而出现的场景，在这些人的生活中，平淡的生活因为审美的存在而大放异彩，个体的生存也因此而充满了诗意。

中国传统美育为我们在当代深入地研究美育提供了有益的思想与丰富的资源，使我们能够对古代美育的发展与精华进行更细微的了解。不过，在继承这种古代美育的优势时，我们也需要了解到，传统美学中的人生观、审美观形成的社会环境与现代社会环境存在着极大的差异，这便要求我们在继承传统美育思想时，应该怀有批判的眼光，来进行创造性的转化，使其更适合于当下的素质教育。

三、东西方思想融汇下的近代美育

中国近代美育思想的发展是在五四运动以后，当时，随着社会大环境的天翻地覆，西方思想得以流入，在中西方文化不断交流的过程中，一大批中国教育学家、思想家对审美教育进行了深入的探索。

◆梁启超：少年中国说与"生活艺术化"

梁启超是早期中国资产阶级改革的弄潮儿，其美育思想更多地于"启蒙"、"救国"等"学以致用"上展现。

在"火烧圆明园"发生后，梁启超发表了著名的《少年中国说》，并指出"美哉我少年中国，与天地不老！壮哉我少年中国，与国无疆！"这种由少年身上看到中国未来之萌芽的思想，正是梁式美学思想之重心所在。

也正是意识到了"少年强则中国强"的重要性，梁启超随后提出了教育改造的重要课题："一曰，淬厉其所本有而新之；二曰，采补其所本无而新之"。这种"新之"的重要途径就是通过文学艺术："故欲新道德，必新小说；欲新宗教，必新小说；欲新政治，必新小说；欲新风俗，必新小说；欲新学艺，必新小说；乃至欲新人心，必新小说"。这种"新民说"是梁式美学的重点所在，同时也是将文学作为了改造国人之利器。

随后，梁启超又提出了"趣味教育"："趣味是生活的原动力，趣味丧失掉，生活便成了无意义"。他对传统教育中的旧八股、疲劳式教育提出了批判，并指出了"趣味"在教育过程中所起到的重要作用。在发展"趣味教育"的过程中，梁启超又进而将"趣味"与"生活艺术化"相联系，并期望以此为途径，改善国

人对政治的麻木。

梁启超对美育的另一贡献在于，他提出了培养"美术人"的观念。在梁氏看来，美育教育的任务可以归纳为两个：培养出能够创作艺术的"美术家"，培养起能够欣赏美术的"美术人"。"人类固然不能个个都做供给美术的'美术家'，然而不可不个个都做享用美术的美术人，"而"美术人"便是"生活有趣味之人"，这便将其"美术人"的思想与"趣味教育"联系在了一起。而这种联系则证实了梁启超在美育思想的过人之处。

在当时的社会环境下，梁启超的美育理论将中国历经数千年形成的功利化"礼乐教化"彻底打破，使西方的美育的思想获得了认可，同时也引发学者们对传统美育的再次思考。再者，其所研究与阐述的美育思想皆源于现实问题，即使民族脱离危亡、使生活艺术化，所以，虽然其美育思想中过多地借鉴了西方美育的内容，但是在近代美育史上，它对于中华民族真正地实现审美式的生存依然有着重要的意义。

◆ 王国维：培养"完全之人物"

王国维第一个将西方的"美育"概念引入中国文化中，他对西方美学，特别是德国美学思想进行了深入的了解，并进行了改造。针对当时中国社会的实际情况，他创造了近代中国具有划时代意义的美育思想体系，奠定了中国现代美育理论的思想基础。在他的美育理论中，美育应与德育、智育与体育同样受到教育界的重视，并指出，美育是培养"完全之人物"必不可少的内容："教育之事亦分为三部：智育、德育（即意志）、美育（即情育）是也……完全之教育，不可不备此三者。"同时他还认为，美育"调和人的感情，使人的感情发达，以达完美之域"。因而美育可以视作是"情育"。

可以说，王国维的美育论述对当代素质教育起到了重要的影响，他所阐述的"美育是智育与德育之手段"，证实了美育、智育与德育之间的联系。同时，王国维还指出，音乐、绘画等艺术手段是美育的重要途径。他认为，艺术是尊贵与神圣的存在，它甚至可以如同宗教一样，对人的精神世界产生重要的影响。

在小学基础教育中，王国维同样指出了艺术课程的重要性：小学音乐课不仅能够起到调和儿童情感的作用，同时还能够陶冶意志，练习其聪明官能与发声器。

王国维的美育理论不仅提出了诸多的美育命题，同时还给出了中西融合、古为今用、追求实效的美育实践方法。可以说，他的这种论述对于我们更好地研究

基础教育阶段的美育实践有着不言自明的启迪作用。

◆蔡元培：中国近代美育之中坚力量

蔡元培先生曾经在《二十五年来中国之美育》一书中，对自己正式由德文引入"美育"一词引以为傲："美育的名词，是民国元年我从德文的sthetische Erziehung译出，为从前所未有。在古代说音乐的，说文学的，说书画的，都说他们有陶冶性情的作用，就是美育的意义，不过范围较小，教育家亦未曾作普及的计划。最近二十五年，受欧洲美术教育的影响，始着手于各方面的建设，虽成绩不甚昭著，而美育一名词，已与智育、德育、体育等，同为教育家所注意，这不能不算是二十五年的特色。"

蔡元培先生始终提醒世人"文化运动中不可忘记美育……超越利害的兴趣，融合一种划分人我的僻见，保持一种永久平和的心境。"蔡元培先生对美育的这种推崇源于他对美育力量的理解："美感者，合美丽与尊严而言之，介乎现象世界与实体世界之间，而为津梁。"美育可以将理想的世界与现实的世界联系在一起，使人们在改造世界的过程中，保持自我尊严的同时，更好地感知美好。

1935年，蔡元培先生曾经向记者阐述过自己为何在革命的年代如此提倡美育：

"我们提倡美育，便是使人类能在音乐、雕刻、图画、文学里又找见他们遗失的情感。我们每每在听了一支歌，看了一张画、一件雕刻，或是读了一首诗、一篇文章以后，常会有一种说不出的感觉，四周的空气会变得更温柔，眼前的对象会变得更甜蜜，似乎觉得自身在这个世界上有一种伟大的使命。这种使命不仅仅要使人人有饭吃，有衣裳穿，有房子住，它同时还要使人人能在保持生存以外，还能去享受人生。知道了享受人生的乐趣，同时便知道了人生的可爱，人与人的感情便不期然而然地更加浓厚起来。那么，虽然不能说战争可以完全消灭，至少可以毁除不少起衅的秧苗了。"

由此可以看出，蔡先生眼中的美育，是个人突破社会环境的局限，在革命的暴戾中不忘却人文的关怀、人性的仁慈的关键所在，进而增进智育的功能，使"创造的冲动"进一步被激发。所以，他毕生要求学生"知识以外兼养感情"，以求在追求科学的过程中，不忘记活泼的力量，进而培养起具有创新意识的人才。

除了在理论上大力提倡美育以外，蔡元培先生还主张将"智育、德育、体育、群育、美育"相结合，主张以"美育代宗教"，从基础教育开始，在学校中加入音乐、图画、文学、歌唱等"含有美育之元素"，并结合社会美育，设立如

美术馆、音乐会、博物馆等美育机构，进一步在教育实践中加入美育，并将美育于社会、于全民中得到普及与深入。

可以说，蔡先生的美育思想超越了之前任何一位学者，而其美育主张也在后世中得到了广泛的宣扬与继承。

在近代学者的努力之下，中国近代美育体系进一步形成，在教育界中，美育的地位得到了重视，同时美育本身也在教育过程中发挥了日益重要的作用。可以说，近代美育理论的发展属于中国近代思想启蒙的一部分。这种启蒙的意向，使中国现代美育具有了强烈的现实指向性，同时也不断地促使国人的内心进行着持续的变革，并由此进一步推进了教育界乃至于整个社会的变革。

四、当代新美育

在建国以后，美育在我国教育界获得了极大的认可，其发展空间与地位也得到了进一步的确认。虽然早在党的十六大上，便已经将"德智体美全面发展"确定为我国的基本教育方针，但是，当前学校美育状态并不容乐观，可以说，不管是在全社会范围内，还是在学校范围内来看，美育的地位都颇为尴尬。

◆ 美育的附属性地位未能获得改变

蔡元培先生曾经明确说："美育者，与智育相辅而行，以图德育之完成者也。"我们可以将蔡先生视作中国现代美育之父，但是在他的意识中，依然以"德育为中心"，而美育不过是"与智育相辅而行，以图德育之完成者也"，其附属地位不言自明。而这种辅助式的教育观念在当下的教育界中依然存在。

可以说，美育在很多情况下，都被视为了功利化教育中可有可无的一部位。而更普遍的现象是，孩子们通过学习音乐、绘画、舞蹈等一技之长，并非为了陶冶情操，而为了获得在应试教育中相应的优惠政策。

◆ 美育仅仅体现在艺术教育中

虽然从1995年开始，美育便被正式写入了教育方针中，美育的目标与相关的美育课程都在各级各类学校的教育计划与教育大纲中都有所反映。但是，当前学校的美育基础内容都普遍存在着偏向智育化的倾向，而这种智育主要表现在三个方面。

①美育内容认知化

包括梨园镇中心小学校在内，我们的教师不是向孩子们传输美的感知，而是更多地强调认知，强调音乐教学内容的知识化。但是，美育应以个人的审美体验

为主旨，它应在艺术实践中，增强孩子们对艺术的感知力，进而起到净化心灵的目的。

②美育教学手段知识化

在教学过程中，教师们更多的是使用知识灌输的方式，在绘画课上，孩子们只能单纯地知道哪幅画是哪个画家所做，哪首曲子的含意是什么，而不是通过自己的想象，来体会作品中所蕴含的美。在评价教学时，我们也往往以孩子们知道了多少知识、老师们教授了哪些技能为主。

这种非美育化教育的结果，必然会使孩子们的审美能力发展受到影响，而个体感性素质也将在这种教育中被抑制。

③理论研究与实践操作相脱节

随着美育渐渐受到重视，跟风的学校并不在少。这便造成了一种现条：我们的学校往往拥有一整套完整的美育理念：如何提高孩子们的审美能力？如何在教学过程中融入美育内容？如何将审美体验个体化？但是，这些研究大多只是简单地将美育与艺术教育联系起来，它不是缺乏理论的深度，就是缺乏可实践性，因此，也很难将美育真正地在学校教育过程中实践起来。

这种美育智育化的倾向如今已经引起了国家的高度重视。在教育部"16号令"中再次明确强调："中小学艺术教育活动要以育人为宗旨，坚持先进文化导向，体现'向真、向善、向美、向上'的校园文化特质，引导学生树立正确的审美观念，帮助学生培养健康的审美情趣，陶冶情操，提高感受美、鉴赏美、表现美、创造美的能力，促进学生全面发展。"可以说，这是中小学美育的根本方向，同时也是我们小学校长应去深入思考、长期研究以求最终达到的目标。

第二章 新美育对素质教育的启示

审美实践活动对学生的心理、情操、个性等各方面的发展有着积极的作用，而这些由艺术带动起来自我发展、自我完善，将会对素质教育起到补充、完善的作用。素质教育中的尊重个体发展等多方面的内容，都是与美育密切相连的。此外，新美育与德育、智育与体育都有密不可分的关系，可以说，德、智、体、美是素质教育的四个支柱，少了其中任何一项，素质教育便会变得不完整。

一、素质教育中美育的任务

在教育观念的改变中，应试教育转向为素质教育已是可喜的成就，如今，我们需要深入思考的是，怎样使这一转变持久地进行下去，并在教育实践领域中结出更丰硕的果实，这本身就是一个需要去长期进行探讨的问题。

素质教育并非单单指向某一种教育，而是在所有的教育过程中都有所贯穿。德、智、体、美、劳五育中，美育所拥有的渗透力是最强的，它直接或者间接地在其他四育中参与，并影响与规定着其他四育的教育过程与具体功效。

这是由素质教育本身的性质所决定的，同时也是因为其突出个人的全面发展的特性而形成的。

简单来说，新时代背景下，美育的主要任务有四点：

（1）培养与提升学生感受美之能力

能够感受美是审美活动开始、进行的最初起点，因此，这也是小学基础教育中的基本任务。人类与生俱来便具有美感能力，这从我们可以分辨噪音与音乐、能够分辨不同的形体与颜色便可以看出。但是，这种天然的审美能力只能归纳入潜能的范畴中。学校美育的任务之一，便是首先以此为基础，不断地爱护、发展人的审美感受力，使其变得更加细腻、敏感与丰富。

因此，学校美育应更充分地展示出艺术、自然、社会与素质教育本身所拥有的美，从而使孩子们建立起热爱美、欣赏美的心理，进而有能力去创造美。

另一方面，人们对美的感受能力是高还是低，固然需要从个人是否有良好的

审美感官来看，但是感知能力与精神积累的基础也是极为重要的：你不可能对着一个目不识丁的人空谈诗歌的好处，也不能对小学阶段的孩子谈起微积分的美——知识的积累是审美能力得以提升、令个人看到更美好未来的支撑性因素。因此，素质教育中的能力提升与美育的审美能力提升是相契合的。

（2）培养与提高个学生的鉴赏能力

"鉴赏"包括"鉴别"与"欣赏"两个方面，前者重点指向的是美、丑的判定，以及对美的质量层次的具体区别；后者则表示对审美对象进行审美活动的具体心理过程。但是，后者的成熟只有建立在前者牢固的基础上才能够成为可能——只有拥有了足够的鉴别能力，欣赏才会成为可能。

鉴赏美需要学校美育培养起学生的正确的审美观。小学阶段，我们不仅要让孩子们明确民族的、社会的、阶级性的审美标准，同时，也要允许他们在个性化审美能力方面获得成长，让孩子们培养起健康、向上而又有个性的审美能力。

鉴赏美的能力的培养对学生的审美观的形成极为重要，因为只有具备了鉴赏能力，才可能创造美，而具有了鉴赏美的能力，个体生活质量的提升、个人活力的增加才能成为可能。这种能力的培养，也有益于孩子们感受到美好生活、进而产生积极向上的人生态度。

（3）培养与提高学生表现美、创造美的能力

当孩子将自己对美的感悟进一步表现出来时，便会形成独特的审美创造活动，而这种创造美的能力本身就充满着个性与创造性。在小学阶段便开始培养孩子们的这种能力，对于孩子们的审美能力，乃至于整体素质的提升都有着积极的帮助。

创造美与审美本身就是相互支持的。只有那些具有了一定创造美能力的人，才有可能对美的形式拥有更切近的理解。所以创造美的能力对审美能力的提升也有着反促进作用。具有了创造美能力的人会对自己生存的环境、对自己产生审美冲动与改造冲动，而这种冲动正是创新的根源所在，这对于孩子们的长远发展有着根本性的帮助。

（4）培养与提高学生追求理想

基于素质教育的美育，其目标并非是培养艺术家，而是要通过审美的教学活动，培养孩子们发现美、欣赏美、体验美、创造美的活动，从而获得个人的和谐发展。这不仅是孩子们未来获得发展和幸福生活的需要，同时也是现代社会向素

质教育提出的新要求。

美育对于一个人发展的意义还在于，它可以推进个人在理想层面上的更高追求。对此，爱因斯坦曾感言："若没有早年的音乐教育，不管在哪一方面，我都将一无所成。"

著名画家李苦禅在教自己的儿子绘画时便指出："人必要先有人格，尔后才有画格。人无品格，下笔无方。秦桧并非无才，他书法相当不错，只因人格恶劣，遂令百代世人切齿痛恨，见其手迹无不撕碎如厕或立时焚之。据说留其书不祥，会招祸殃，实则憎恶其人，向不会美其作品了。"

这种对美的见解，也正是李先生的"夫子自道"，他不仅拥有极深的艺术修养，同时还时时体现出了高尚的道德人品。

素质教育中，德、智、体育主要目标是在于发展个人某一特定部分的相对力量。而美育则是以自我审美方面的发展，进一步促进个人人格的协调与平衡，使个人的生存与发展变得更加全面与健康。美育的这一点在素质教育中是最值得重视的：个人能否获得到幸福、愉悦的体验，是否产生对生活的热爱、对美的欣赏，都源于个人人格是否协调、平衡，它旨在保持个人的身心的健康与创造活力。

美育的这种功能在心理学中也有所阐述，在心理学家马斯洛的观点中，一旦人的基本生存得到了保障，对真、善、美的追求便会成为心理上的主导需求。一旦忽视这一需求，便会陷入现代人常见的空虚、无聊中，导致种种个人心理问题与社会问题的出现。现在物质财富非常丰富，我们的闲暇时间也日益充足，培养人更高的理想追求、更高尚的人生品味，便成为了素质教育的一个重要目的，而这一目的实现最终需要依赖于孩子们在长期体验美、感受美、鉴赏美、创造美的过程培养起相关的能力。

美育的目的是培养"美的个人"，而美育之所以能够使人趋近生命的最高理想境界，这本身也是由美的价值所决定的。不过，我们需要认清的现实是：美育并不是"审美教育"。审美教育是美育的一个方面，审美活动也是美育展开的基本活动，而审美教育并非艺术教育。更值得重视的是，让孩子们拥有体验美、感受美、鉴赏美、创造美的能力，是美育的任务，而不是美育的目的。美育的目的只有一点：通过审美活动，培养美的个人。

二、美育融入素质教育的可行性

在2013的两会上，中科院院士孟安明委员曾经提出过这样一个问题：我们反复强调国家有中国梦，那我们泱泱大中华，我们的教育梦是什么？

教育部长袁贵仁针对这一问题，动情地勾画出了一幅自己心目中理想的中国教育梦："有教无类、因材施教、终身学习、人人成才。"

同样是在两会上，北京市教育科学研究院小学数学教研室主任吴正宪也曾经谈到："现在大家都在谈中国梦。做梦先得给孩子做梦的时间，我的梦想是让我们的学生和教师能够有一个正常人的生活，尤其是我们的孩子，还他们一个正常的原生态环境。""如果一个孩子连做梦的时间都没有，他怎样去实现自己心中的梦想？"

梦想是一个孩子最基本的权利，同时也是他们这个年龄所拥有的最基本特征，这一特征是天赋的才能，更是社会发展、人才创新的根源。我们呼唤在如今的素质教育中重视美育，就是要通过美育，将孩子们自由想象的权利与空间还给孩子们，使他们实现自己的"中国梦"。正基于此，美育才更应在素质教育中强力推行。

我们的素质教育并非选择合适教育的学生，而是尽力使教育适合每一个学生，或者说——让每一位学生都能够寻找到适合自己的教育。说到底，素质教育是"尊重个性、崇尚个性化发展"的教育，这种现代教育回归教育本质相一致：教育本身就是以引导学习者成人为要务，以发展人性、培养人格、改善人生为主要目的。

素质教育与已往国内所实施的包括全面发展教育在内的多个教育方针的最大不同就在于，素质教育不仅要发展学生的德、智、体各个方面，同时还要培养学生以发展、强化个人自我生命意识为核心，在多元、综合方向上进一步确立起人的主体意识，使个性意识与自由全面发展意识得到全面的苏醒。这种人性的完善与个性的苏醒恰恰是美育所倡导的——如果说，素质教育是想要把孩子们从应试中解放出来，那么，美育便是在解决将解放出来的孩子们"引向何方"的问题。

(1) 美育既是过程又是目的

若仅站在个人发展的角度来看，素质教育的最终目的是为了发展个体的个性，而个性的发展从何谈起？所有的教育者都无法否认这一点——个性的发展源于超越的精神：只有当个人敢于想象、并超过了现实的局限以后，才能够使思想获得解放。一旦思维解放，个体便会自由，个性的发展便会成为必然，而美育则恰恰是培养个体超越精神的最佳途径。

迈向新世纪的素质教育应按着美的规律进行，在这种由"考高分"到"追求"美的过程中，个人对美的向往将会成为发自内心的渴望，它不仅彻底地摆脱了外在的目的规定，同时也不是为了分数或者升学这样的功利性目的而进行的。它是在教育的过程中享受个人的生命，更是在探索的过程中，使自己在美中受到教育。

这种融入了"美的追求"的教育使人的本质力量获得了进一步的确认，同时也要求将"人的视角与世界"还给孩子们。它在承认个体差异的基础上，力求使每一个孩子在融入集体的同时，真正地享受到有限的学习生活所带来的无限人生意义，并最大限度地发展学生们的潜能，从而实现个人成功、人生发展的最终教育目标。

这样的学习活动对于学生来说，已经不是外在的力量在起引导作用，而是其内心在向美、向善，也正是因为这股力量的存在，他能够更好地感受到美，这种美，恰恰就是我们从现实的束缚中进一步释放得来的力量。

(2) 美育是素质教育的必然

从1999年开始，国家已将美育在素质教育活动的各个环节中进行有机的统一。这意味着，美育正式列入了教育方针，美育在学校中的教育地位得到了进一步的确定，美育也因此获得了极佳的发展机遇。当时，国务院还指出，当下学校美育工作薄弱的状态应尽快得到改善，并应加强音乐、美术等艺术课程的教学，借助于丰富多彩的文艺活动，增强学生美的体验，培养起学生欣赏美、创造美能力。自1999年以后，国家又相继出台了多条规定，进一步强调加强美育。

现在的学校教育中美育相对薄弱，不仅与学校管理者、教育工作者对美育的重视度不足有关，同时也与人们将美育实践过度局限于艺术课程中有关。事实上，学校的每一个学科、每一个环节，乃至于学校教育的全过程都蕴含了丰富的美育因素，若我们可以充分地挖掘、利用这些因素，那么，美育的内涵与实践都将被极大地丰富起来。因此，下一阶段，我们应考虑的是，如何充分地挖掘并利用这些学校原有因素，使美育在素质教育过程中得到更好的贯彻。

另一方面，想要挖掘与利用学校教育中的多项美育因素，美育便必须要主动而积极地融入到学校教育的全过程中去，同时努力实现德、智、体等多方面教育全面渗透、相互协调与共同发展。这便需要学校基层教育者将美育理论与教学实践结合在一起，不断创新、不断改善，以求探索出一套更科学、更系统的美育实践模式。

(3) 课程改革中，美育已是改革核心内容

如今，国家提出了在基础教育领域进行大规模的改革，课程改革是此次改革的核心所在，而美育则是课程改革中一个不可忽视的方面。面对教育新形势，我们基层教育工作者应怀有积极的责任感。

除了积极地展开相关艺术课程的改革以外，如何在基础课程改革的过程中融入美育相关内容？在基础教育课程的改革过程中，美育相关思想又应如何渗透？这本身就是我们应去深入思考的内容。

我们可以看到的是，在课程改革中，美育有着极大的发展空间，不管是体育、智育还是德育，不管是语文、数学还是劳技、品社，其教学目标、内容、形式与具体的教学方法，都应考虑，如何才能展示美，从而真正地做到，在每一堂课上都使孩子们感受到美，使课本与知识带给孩子们美的知识，进而启迪智慧、陶冶情操。

使孩子们在学习过程中获得审美能力的提升，进而养成健康的、积极的审美情趣与生活方式，最终促进德、智、体、美全方位的发展。这一重任应由各个学科综合承担，而我们这些处于基层教育中的个人与老师，也应树立起这种"积极美育"的观念。

三、美育对小学教育的启示

其实美育观念树立的必要性早已凸现：十几年前，我们站在世纪之交，展望新世纪的教育发展前景时，我们便已经可以依稀看到，"国与国之间的竞争最终是教育与人才的竞争"。这一事实如铁律一般，发挥着引领的作用。伴随着人类文明的持续发展，人才的竞争力不仅体现在了其个人能力的高低、还体现在了个人素质的高低上：只有当我们的教育能够培养出向往美、崇尚美，进而能够创造美的人才后，我们的社会才能够获得长足的发展。

长期以来，因为对美育的教育作用认识不足，在教育过程中，重知识、轻素质，重德智体、轻美育的情况极为常见，所以，虽然很多学校都将"全面发展"当成了教育教学口号，但是在具体的实践过程中，大多数的教学模式都依然在沿袭着传统的方式。在素质教育成为主旋律的今天，我们依然能够看到陈旧的传统教育在教育过程中时有出现。

◆重课堂教学，轻课外活动

虽然课堂教学是知识传授的主要阵地，但是很多学校都将课堂教学看成了唯

一的教育形式，就算实践了美育或其他教育理念，学生整日围着作业、课本转的现象依然严重。

◆ 重教，轻学

教学本身应该是一个双向、互动的活动，而当前最普遍的现象是，教师只管自己教，根本不问学生的学。教师几乎将所有的时间都用来考虑怎样备课、写教案、如何更好地布置作业、怎样通过作业、考试来考核教学结果等，而至于学生是否在根据学校的教学理念来改进自我学习方法，则很少考虑到。

◆ 重知识传授，轻能力培养

学校教育的重要任务之一就是向孩子们传授知识，可是，这仅是任务"之一"而非"唯一"。对于教师、对于学校来说，我们共同的任务是"解惑、授业、传道"——为孩子们解释疑问，教授他们知识，同时让他们学会相应的学习能力。那种将"传授知识"为首要任务或唯一任务的教学方式，势必会造成教学方法的僵硬。教学方法的僵硬，只会造成教师将学生当成口袋，形成强灌硬输，频繁的考试、沉重的课业、题海战术皆属此类。

◆ 重统一要求，轻创新改革

有些教师为了教学评比中可以达标，总是重视统一的要求，而忽视了教学过程中的创新与因材施教。可是，孩子们的爱好、性格与环境有着多方面的不同，面对这种不同，教师若只用一个腔调、一种尺码去要求孩子，则只会使教育陷入"同一化"的窘境中。

凡此种种，皆与素质教育的内涵相去甚远，而在这种教育环境中，美育的实施也将成为一句空口号。所以，想要将美育进一步融入教学过程中，使美育成为素质教育中必不可少的一部分，我们必须要从以下几个方面加以转变与落实。

(1) 转变具体教育观念，落实在教学行为中

观念是决定、支配个人行为的重要思想意识，教学观念则是教师们从事教学过程中的具体指导思想，更是教师个人对教学认识、学校理念的具体认知。不同的教学观念将会导致不同的教学实践。

随着社会进步、时代发展，我们应鼓励一线教师转变教育观念，进一步优化课堂教学，在课堂教学的过程中，既考虑到知识技能传授的方方面面，同时又可融入美育的观念，使教学效率提升的同时，也促进孩子的审美能力的提升。不过，这种课堂教学过程的创新与优化首先应该从教育观念的更新与优化开始，因为教育行为将会受制于相应的教育思想，当教育观念未能实现真正的转变时，其

他的教学改革与措施皆很难产生较好的效果。

(2) 转变教育方式，渗透美育内容

传统的教育方式虽然有所陈旧，但有其牢固的实施基础，而且它之所以在现行教育体制中根深蒂固，必然有其优势在其中，因此，在提倡美育融入学校教育教学过程中，我们无须废除，只需要转变与改进即可。

在小学阶段，我们需要通过美育让孩子们初步具有广泛的兴趣，同时培养起健康的审美情趣，培养起正确的、向上的、积极的审美能力。因此，在传统教育向美育式教育转化的过程中，我们应综合学科理念，将艺术教育、普通学科教育皆纳入美育的要求中，同时以生活实践、审美实践相配合，培养起孩子们全面的、积极的审美观念，使孩子们在学习的过程中能够将视野变得更活跃、思维更宽广，在美的磁场中，感受到审美欣赏与创造的愉悦。

(3) 由强调记忆的学习，向侧重思维的学习转变

我们早已全面进入信息时代，现代生产也早已自动化为典型特征，在这种生产力水平下，出色的劳动者更多地表现在创造性劳动与审美观念的突出上：那些创造性的产品、拥有更多美感的产品总是更受到市场的欢迎。

这种大前提便决定了我们的教育应以思维培养为主：传授文化固然重要，但是我们更应从小学阶段开始，便通过美育将孩子们引向审美化的科学文化发展前沿，使孩子们在欣赏不同的美。在不同的环境与条件下，将不同特质的文化精华融合为一体。同时，我们也应在教学过程中，为孩子们创造多向选择的条件，使他们能够更积极、更活泼地主动学习、主动探索，并在探索的过程中，认识到什么是适合自我未来发展的美。

以上这三项内容仅仅是我在梨园镇中心小学实践美育的过程中总结出来的一些感悟，但事实上，我们在美育的道路上应探索的内容还有很多。我们也只有在领悟了美育的内涵、进一步构建起美育的相应体系、创设出适合美育发展的环境，并进一步完善美育的方法以后，才能使美育在素质教育中得到全面的落实，我们的教育才能真正地走向美的教育。

第三章 新美育实践的前提确定

想要在素质教育中进一步实践新美育，我们便必须要了解其具体的前提。这种前提应建立于新美育的理想、境界与个性追求的基础上，同时也应以素质教育的基本要求为准则，以求建设出素质教育中美育的更好实践环境。

一、成功的新式美育的三重境界

对于普通人来说，空谈境界显得有些过于虚浮，但对于教育者来说，追求更高境界是一种任务：你想要教育出怎样的人，你便首先要为自己树立起"教育应达到怎样的境界"的观念，这种观念与教育观念不同，它与个人人生看法有着一定的重合，但是却更侧重于教育方面。

国学大师王国维先生在《人间词话》中提到过自己所认可的境界，原文如下：

"古今之成大事业、大学问者，必经过三种之境界。'昨夜西风凋碧树，独上高楼，望尽天涯路'，此第一境也；'衣带渐宽终不悔，为伊消得人憔悴'，此第二境也；'众里寻他千百度，蓦然回首，那人却在灯火阑珊处'，此第三境也。此等语皆非大词人不能道。然遽以此意解释诸词，恐晏、欧诸公所不许也。"

细细品之，不由得为这三境界所叹服：若非曾经"独上高楼"远望"天涯路"，又何能"为伊憔悴"而"衣带渐宽"呢？如非"终不悔"地苦苦追索，又怎能见得"灯火阑珊处"的美景呢？而这种对境界的追求在美育活动中，也同样应该得到提倡。

对教育境界的追求，是教师个人心灵的升华，是学校境界的提升，同时也是促进学生灵魂净化的一种精神追求。其实，这种对美育境界的追求自古便有。

柏拉图是古希腊美育的积极倡导者，他积极提供文艺教育，并主张将音乐与体育、歌舞结合在一起，以达到"于歌舞中强身"的境界。这种"歌舞强身"的境界就是美育与体育共蕴的美与健的形象，同时又是美与行相统一的和谐。

相比之下，中国儒家创始人孔子则认为，颜回的人生真实写照，就是教育最

终应达到的目的："一箪食，一瓢饮，在陋巷"，"不改其乐"，而这种"不改其乐"的活法，本身就是美的活法。

如今，我们在小学教育阶段，教育特别是美育的重要目标，就是引导孩子们对美的事物，由"知之"进展到"好之"，并最终促进孩子们往"乐之"的境界上不断地发展。

(1) 初级美育的境界：知美

知美，就是通过教学，可以使孩子们体会到课程、生活与身边的美，帮助学生建立起初步的审美意识，使其对美好事物的感受力、鉴赏力与创造力增强，为进一步树立起正确的审美观，培养起高尚的、健康的审美理想与审美情趣打下坚实的基础。

对于未曾学习专业艺术知识的小学生来说，掌握这种知美的能力，有助于他们在成长的过程中，凭借自己对美的认知来发现现存事物的缺陷与不足，从而找到改进现存事物的具体方法，使其通常的思维方式得到改变。

(2) 中级美育的境界：好美

好美是指孩子们在知美以后，对美好的事情产生爱好、喜爱之情。在小学阶段实施美育应达到这样的好美境界。不管孩子的个性如何、特长在何处，教师都应该培养他们积极地参与审美与艺术活动，因为审美与艺术活动对于个人生活、成长皆有极大益处。因为新奇的想象、灵感的闪现、巧妙的构思，喜欢眷顾那些爱好广泛、眼界开阔的人。

事实上，很多拥有伟大成就者都兼备学习者与艺术鉴赏者的双重修养。

科学家波耳兹曼拥有极高的音乐造诣，他所弹奏的钢琴可以令人如痴如醉，同时，他还是一位出色的诗人，其著作《力学原理》的开篇，便是一首诗歌。

再比如，若将杰出的物理学家普朗克、爱因斯坦与哈恩组合在一起的话，他们不仅拥有能震撼整个世界的知识才能，同时还可以为人们演奏一场小型的交响乐。为此，爱因斯坦的儿子汉斯就曾经说过："夸我的父亲是一名杰出的物理学家，远不如说他是一位出色的艺术家让他来得高兴。"

另一位著名物理学爱费曼则以喜爱敲击手鼓而在美国物理学界闻名，同时他还对一种特别的木琴极为痴迷。每天一到晚上，他便在家中敲个不停。这让他的同行大为吃惊，说他不像个科学家，反而像一个马戏团的演员。

从这些在短暂人生中创造了伟大成就的人身上，我们便可以得到相应的启示：不管你从事的是何种专业，你都应该热爱审美活动。因为爱美、参与艺术创

作，不但会使自己的生活变得丰富多彩起来，同时还对启迪智慧有着积极的帮助，令自己在多种领域中有所作为。

小学生正处于对世界兴趣正浓的阶段，在这一时期，想要激发起孩子们爱美的兴趣，我们可以从两个方面入手：

◆通过课改，加强直观与感性教学

对此，法国画家安格尔给过建议："我们应拜倒在美的面前去研究美！"只有让孩子们置身于美的世界，才能进一步激发起孩子们的学习积极性，令他们对美与艺术进一步产生浓厚的兴趣。

◆引导孩子积极地参与审美活动

通过学校开展各种各样的审美活动，如为孩子们展开小小画展、师生共读书、共唱歌等，都可以促使孩子们在参与美的过程中，获得美的体验，从而进一步在心灵深处对美与艺术产生浓厚的兴趣。

(3) 高级美育的境界：乐美

乐美建立在个人审美心理健全、能够主动积极参与审美活动的基础之上。一旦到达了乐美的境界，个人往往可以感受到心理与生理上的双重满足，从而调动、调节起以情感为核心的一切因素，使个人认知与体验、对更美好世界的追求完美地结合在一起。在此阶段，个人已经成为了审美活动的完全参与者，同时更是美的创造者。

只有达到了乐美的境界，人才会自愿、自觉地去发掘生活中的美，并进而去花费时间、精力去创造美，使自己对美的追求进一步系统化、自觉化与深刻化。在这一阶段，个人也将把美和艺术知识进一步运用到日常的工作与生活之中，以求从美的事物中获得更多的灵感。

想要通过美育让孩子们自觉地通过成长达到乐美的境界，我们便必须要引导孩子们走一条持之以恒、自愿自觉的审美实践之路，从小学时期开始，便鼓励孩子们主动地去发现美、去注意美，并让自己参与到美的创作中，最终成为美的一部分。

其实，美无处不在，从课堂到校园的风景、大街上的行人、商店中的摆设、公园里的雕塑，这些都有美的因素存在。可以说，几乎所有的事物都能够被当成审美的客体。但是，美并非实体的事物，也无法具体地描述，美是个人感受的内容：个体不同，所感受到的美也不同，所产生的情绪也有差异。可以说，每一次对他人、对事物的欣赏，都是一个融合了个人情感、想象与感悟的过程，因此，

我们在实施美育的过程中，必须要通过大量的活动，来让孩子们感受到美的存在，使孩子们全身心地投入到审美的活动中去，并从中获得美、享受到美所带来的愉悦感。

二、通过成功实践的共性，创造自我个性

失败的事物各有其不同的原因，但成功的事物中我们总是可以归纳出一定的共性与规律——学校的美育实践活动也不例外，这些规律不仅是我们接下来实践可供参考的资料，同时也是我们更好创造自我个性化美育的关键。

1.出色美育实践的共性

显而易见的是，我们期望能够通过美育所获得的三重境界，并非一个简单的目标。小学美育需要在考虑孩子们生理、心理上的特点的基础上，用美育的特点来吸引孩子们融入美育教育过程。

(1) 因材施材，美育过程中考虑小学生身心特点

在长期的教育实践中，我们很容易便发现，小学生的思维往往呈现出以下特点：

◆感知力不强，注意力不集中

在初入小学时，孩子们对事物的感知能力并不精准，他们发现事物之间的联系、事物的主要特征的能力是在学习的过程中不断地发展起来的。并且在小学阶段，孩子们的注意力不稳定、不持久，且往往与兴趣密切相关。

◆想象、思维以抽象为主

在孩童时代，想象力丰富是典型的特征。小学阶段，孩子们的想象力不仅极为丰富，同时还有模仿、简单再现、直观而具体的特点。这一时期，其思维方式依然以直观、感性为主，随着知识的增加与积累，孩子们的想象能力会朝着完整反映现实世界的方向不断地发展。

◆求知欲望强烈

因为智力的不断发展，孩子们会不断地去探索新奇的、未知的世界，同时还会试着动手去创作自己喜欢的东西。不过，因为缺乏坚定的意志，所以他们往往见异思迁，而且总是会将一些脱离实际的幻想与现实结合起来，期望能够在老师的教育下，获得新的见解。而且，他们会将老师当成权威，对老师的评价、意见极为珍视。

在出色的美育实践中，实践者往往会考虑到孩子们的性格特点，针对孩子们

的年龄特征来展开美育活动。

在北京市东城区艺美小学的美育实践过程中，他们便通过利用孩子们爱交朋友、期望多到户外运动的特点，与北京东四九条小学联手，展开了"扬希望风帆，做阳光少年"的运动会。

在运动会上，从开始时的入场式、团体操，到各项不同的趣味运动项目，都突出地考虑到了不同年龄段的孩子们的特点。其中，亲子游戏更是考虑到了父母在教育过程中对孩子所起到的巨大作用，充分地体现出了"阳光锻炼"的美育体育特点。

这种融合与考虑了孩子们心理、生理特点的美育，往往会因其独特的形象性、情感上的激励性与活动中所鼓励的创新性，使孩子们走向感性的、美好的整体人格全面发展的人生道路上来。

(2) 以"尚美"为前提

从哲学角度来看，"人性有爱美的天性"，马克思将这种"天生爱美"的本性化为一句论断："人应按照美的规律来建造新的世界。"而单纯从教育角度来，爱因斯坦的话更能表明"尚美"在学校教育过程中的重要性：

"学校的活动应始终围绕着这样的目的来进行：在孩子们离开学校时，他们是作为和谐的个人、而不是作为一个专家，仅用专业的知识来教化人是不够的，通过专业的教育，个人可以成为有用的机器，但并不能成为和谐发展的人。让孩子们对价值有所理解，并产生强烈的感情，这是教育最基本的内容，他必须要通过教育，获得对美、对道德的具体辨别能力，否则，他连同他所接受的专业知识，都会如同一只受过良好训练的狗一样，而不像是一个拥有独立个人性的人。"

由此来看，尊重人天性中的"爱美要求"，并让孩子们在美育过程中，不断地通过美的教育、美的行为，使个人领会到自尊、自信、自立、自强等理性之美，再通过美的熏陶、美的渲染，让个人成为向善、积极、快乐的感性者，使他们"在所有的情感中，都有格外高贵的、柔情的、馥郁的、优雅的东西存在。"

可以说，在实践美育成功的学校中，他们所强调的就是通过教育，来使孩子们升"爱美的要求"，进而对照美的事物、美的个人，对自己的行为与认知进行思考、判断、选择、修正——在这种从潜意识中自觉发起的自我改善活动中，个人的健康发展与社会的和谐发展形成了良性的循环，而这样的教育真正地达到马克思所说的："社会的进步来源于人类对美的追求。"

(3) 凸显了美育价值观，淡化了功利性

成功的美育实践通过多样化的教学方式，以及将审美因子进一步融合在学校的每一个角落、每一个教学活动中去，以求获得更好的美育效果。这种教育将素质教育中有可能因为德、智、体教育而兴起的功利化价值观进一步淡化，并用美的作品与美的人、事、物来进一步修养受教育者的心性与情志。

通过教师的美的教学、校园的美的环境、文化中美的因子……使了孩子们在紧张的学习中有可能产生的压力得以缓解，消除了沉闷与灰暗的情绪，使个人的信心、灵感、爱意不断地得到了增强，令生活充满了乐趣与阳光，使孩子们的心境在潜移潜移默化中得到了改变：其人生品位得以提升，高雅风格得以塑造，人性中的真、善、美得以在教育中获得充足的发展与成长空间。

此外，因为采用了多彩化、丰富的教育方式，学校美育得以使孩子们建立起对德、智、体、美全面发展的自觉追求，这种自我觉醒避免了应试教育中的"工具人"、"考试高手"培养误区再次出现。

（4）形成了系统化的保障

我们一种新的教育理论是否能够在实践中获得力量与成长，关键在于它是否形成了系统化的保障，美育也无例外。

美育并非仅仅是一门新的教育理念，同时也是一门需要创新与传统并存、动态与静态配合的综合性教育方式。这便对美育实践单位提出了严格的要求：只有从整体上去把握好美育的本质，才能在有效利用学校原有教育教学资源的基础上，建立起新的美育系统，从而使美育的具体实施变得更加顺利。

所以，我们才能在当下的成功美育单位中看到这样的情景：他们多有对美育的系统化管理，并形成了相应的理论、制定了具体的管理制度，明确了相应的负责人，给出了实践的方法。在每一项实践内容的过程中，他们会用细节化的方法进行具体的评价，再由评价中不断地总结经验、汲取教训，为新美育的进一步成熟添砖加瓦。

这些出色美育实践的共性能够带给我们的启示非常多，可以说，这四条经验每一项都蕴含着丰富的智慧。这些由成功者那里得到的经验，将会不断地从各个方面加深我们这些学习者、新实践者对美育思想的认识，同时也对我们下一步提高目前与将来美育发展、解决重大问题有着积极的帮助。

2. 构建自我特色新美育的具体界定

经验的总结只有在运用于实践、并带来了成效以后，才能够说明其是有用的，而这种实践只能借鉴、不可套用。这便要求我们在实践的过程中，必须要依

据于自己对美育的理解，对美育的实践作出一定的界定。在我看来，除了我们在之前所提到的"以多种方式来培养起美的个人"以外，我们还应在美育的实践中，去追求以下境界的达成。

(1) 以鼓励想象力发展为首要任务

钱学森老先生在临终前曾经留下一句让教育界深思的疑问："为什么我们的学校总是培养不出杰出人才？"对此，其实钱老心中早有答案："现在中国没有完全发展起来，一个重要原因是没有一所大学能够按照培养科学技术发明创造人才的模式去办学，没有自己独特的创新的东西，老是'冒'不出杰出人才。"那么，什么样的办学模式才能培养出杰出人才？对此，钱老也有自己的见解："形象思维是我们当前研究思维科学的一项最重要的任务，而我们现在对它却不怎么了解。"中国学校始终无法培养出令世界瞩目的杰出人才，最重要的原因就在于，我们的学校过于侧重知识传授，而忽视甚至漠视了学生的形象思维能力训练。在想象力缺乏的情况下，"杰出人才"的出现自然会成为一个没有根基的空想。

想象力对于个人发展有着怎样的重要性？我们可以从两位科学家的成功中感受到。

二战时期，著名科学家图灵先生正将自己全部的精力投入在解密领域中。不过，此时对他的解密事业帮助最大的，是他在24岁那年的一次大胆想象——当时，就算拥有最瑰丽思想的幻想家都没有想到会有电子计算机，而图灵却为自己设想了一台虚拟机器，这台机器拥有无限长的纸带、一个小小的读写头、一个精密的控制装置——这是在信息科学史上最出色的、最早的抽象计算机：图灵机。可以说图灵机概念的提出，大大增加了现代计算机出现的可能性。

而将计算机世界的实现又加快了一大步的人是另一位科学家：香农。虽然在香农生活的时代里并没有计算机的存在，但是，他使用详细的信道容量公式，证实了现实世界中完全有可能建成计算机通讯协议。有人曾经对此发出过这样的感叹："香农的信道容量公式，是计算机领域中最简洁、最有力而且最漂亮的公式之一。"

这便是最出色的想象力所起到的作用：它以理论、知识为奠基，使科学家拥有了飞翔的翅膀，也使他们能够站在前人的肩膀上，领略到科学的瑰丽与雄奇。

话又说回来，美育对于孩子们的想象力有着怎样的帮助呢？

◆美育为想象力创造起可能的教育场

丰富的美育活动将会使孩子们拥有更强的创造能力与精神素质，这种创新能

力的提升依赖于立体式审美环境的筹建情况。在很多发达国家，美育都是发掘孩子创造潜能、发展创造性思维的重要训练手段。在欧美各国，我们很少能够看到循规蹈矩的艺术教学，甚至在普通课程的教学过程中，教师们也会尽可能地通过多彩的活动来达到知识传授的目的。

在这种环境中长大的孩子，往往拥有异想天开、勇于冒险甚至是胆大妄为的特点，而这些特点恰恰是创造力的重要来源。

相比于国内，我们的教育因为多年禁锢于应试教育的模式中，这样的创造力、甚至是孩子们的活泼天性，都被泯灭了。而美育则可以通过多样化的教学活动，使孩子们的童真本性得以返回，使他们的创造才能得到更多的重视。这种变化，无疑是美育乃至于素质教育发生根本性变革的合理结果。

◆ 美育能够解放孩子们的想象力

在少儿时期，孩子们正式开始系统地接收各类知识，多数孩子期望通过学习来获得见识的增长，满足自己的好奇心。因此，在素质教育过程中，若我们能够根据不同的科目，来进行教材审美内容的融入，我们便能够进一步培养起孩子们的感性思维，同时，帮助他们更多地进行学科间的联系与联想，从而最大化地扩展孩子们的想象力。

从这一意义上来说，美育不仅仅是教给孩子们审美技能的教育，更是一种将孩子们的思想从教育的禁锢中解放出来的训练，使他们能够站在知识的基础上，打开创造、创新的思维。只有这样，我们的孩子才能在拥有美好心灵的同时，不至于沦为"空无想象力的善者"。

初级的想象力即是孩子们的单纯想象，即只提出"如果"类的自由想象。"如果我有翅膀该多好"、"如果我把葡萄籽吃到肚子里，会不会长出葡萄树？"这类想象其实就是无基底的想象。在美育的过程中，我们并不提倡让孩子们单纯地进行初级的自由想象，而是期望通过审美活动，使孩子们建立起有意识的想象。

有意识的想象是通过将自己所见、所学习的事物，不断地融入到想象过程中，并融合出新的想法来。这种想象是步步为营、以知识为基础得出来的，而不是天马行空的空想。这种高级的想象在现代文学作品中非常丰富。

深受孩子们喜爱的《哈里波特》看似就是一本结构复杂的童话书，但事实上，它与成人魔幻小说《指环王》一样：需要作者拥有丰厚的知识作为基础，J·K·罗琳与J·R·R·托尔金两位作者不仅拥有着自成体系的完善世界观，同时还皆

对欧洲神话拥有相当程度的研究——在他们的小说，各种魔法、各大种族甚至是一件小小的道具都不是胡乱想象得来的，而是要符合一定的历史传统，换句话说，它们都是有据可循的。我国最出色的神话小说《西游记》也是此类高级想象力的典型之作。

所以，最出色的想象力从来不是信马由缰的，更不是完全自由的，我们的美育活动所需要的，就是在这种不自由的状态下，让孩子们建立起联想式的、多维度的想象力。很显然，这样的任务并不简单：它对美育的内容实施、具体课程的安排、审美活动的开展与具体的引导，都提出了更高的要求。

(2) 以个性与多元同立为前提

新美育实施的另一个前提就是要让"个性与多元同立"。而这种个性与多元体现在两个方面。

◆ 和而不同，在相互交流中寻找自我教育特色

我们之前已经了解到，在美育的发展过程中，不仅分为传统美育与新美育，同时还形成了西方美育与东方美育的交流与融合，同时更形成了不同学校之间的美育实践之间的交流与相互借鉴。这种融合在当代依然存在，且将继续存在下去。

在文化交流中，我们一向崇尚"和而不同"的观点，这种"和而不同"恰恰是个性与多元的最好体现。美育教育的发展，并非某一种思潮或方法吞并另一种思潮与方法，而是在相互交流、融合的过程中，各自实现取对方之长、补己之短，从而达到共同发展、共同繁荣的目的。

因此，在美育实践的过程中，我们不仅要深入地研究国外的一些出色美育方法，了解他国的美育实践，同时也要抱着"求知、求创新"的目的，加强与同类学校乃至不同类型学校之间的交流与合作。

在交流的过程中，身为教育者的我们应追求和而不同，保持个体与个体之间的不同，见解与见解之间的差异，以及由这种差异派生出来的不同思想、不同取向、不同方法与不同实践道路。因为唯有不同，才需要进一步交流，也只有相互之间进行和睦的沟通，才能进而达到取长补短，进而使各自教育实践生意盎然，令新美育之树常青。

◆ 个性化教育方式，在教育实践中追求多元化方式

美的个性化在俄国思想家普列汉诺夫的思想中早有阐述：

绝对的美的标准无人能够说出……事实上，它并不存在，也不可能存在。在

29

自人类诞生以来的，我们在每一个时期对美的概念、美的认知都是不同的。

这是一种客观的事实：美是不断变化的，因此，新美育所使用的方式、所追求的目的也应呈现出多元化。因为小学阶段，孩子们的个性与人格都处于不断变化、不断完善的过程中，因此，在新美育的过程中，我们可以通过绘画、音乐、舞蹈、诗歌等多种途径，培养起孩子们积极的、向上的品格与个性，而这种个性与人格本身就是呈现出多元化状态的。

我们所应注意的，是鲁迅先生在《少年闰土》中所描述的"他们都和我一样，只看见院子里高墙上的四角的天空"那种学习环境与教学方式，而是应尽量展开多元化的方式。组织孩子们到社会、到大自然、到博物馆或动物园里去，感受世界的神奇与瑰丽，使孩子意识到，这个世界本身就是由各种的不同、多样的美所塑造而成的，使他们尽情地享受到美所带来震撼。

◆允许个性化发展，让孩子们拥有多元化人生

在中国传统美育中，最值得保留的一点就是对待个性的态度，在以儒家思想为代表的传统文化中，"齐家、治国、平天下"几乎成为了传统教育的终极目的，而且个人不得"溺琴棋，聚宝玩，购字画，乐歌舞"。虽然儒家亦有"有教无类"、"修身养性"的教育主张，但在后期道德教育中却要求子弟对"吹笛、唱曲、双陆、象棋之类——当一切屏绝之"。因此，在新美育的实施过程中，我们固然要汲取传统美育的精华，同时也要将其所追求的"教育大同"摒弃。

个性对人生的影响我们已无需赘述。我们能够注意到的是，在历史的长河中获得出色成就的那些个人，都拥有自己独立的个性，也正是这种独立性，造就了他们的创新性，同时也使我们的历史变得精彩。

我们现行的教育虽然已经与传统教育大有不同，但是，我们对个性发展的重视度依然不足。在这方面，新美育要求，学校教育应再一次回归到个人发展上来。我们的教育者应允许孩子们有机会去选择那些最适合自我个性发展的价值观。同时，新美育也应进一步体现出教育的"以人为本"，使孩子们的个人情感、价值观、人生观与世界观都能够在美的前提下，实现个性化的发展，使他们拥有多元化的人生。

(3) 以传统与现代、人文与科学相融合为实践要点

现代美育以科学与美的全面融合为代表，而传统美育活动的初衷则对自然与生活的崇拜。在21世纪，我们因科技的迅猛发展而受惠颇多，但同时我们也见到了因科技而生的种种负面景象。而这种时代发展所带来的必然结果，只是再一次

印证了哲人康德所说的那句话："随着人类文明的日渐丰厚，社会邪恶也在持续增长中。"而我们在科学中重视人文，在现代美育中传承优秀美育内容，本身就是在规避这种"邪恶力量"所带来的破坏性。

我们的素质教育对这种传承与发展也有所体现，但是美育却进一步对其进行了实现：美育活动的展开，使教育得以脱离只谈育、不谈美的"蜃楼式教学"，同时，也进一步通过对历史中优秀传统的继承，见证了文明与生命的共同成长。

可以说，只有当美育遵循了"传统与现代、人文与科学"融合的原则以后，教育中的"以人为本"才能够更好地得到体现。教育本身的目的就是"育人成人"，使"人成为人"，而美育的目的则是使"人成为更好的"，这种专注于"人的成长"的教育则恰恰是人文教育的最重要特点，因此，素质教育的成功、美育的实施都无法脱离这一因素而单独进行。

对于正处于好奇心强烈时期的孩子们来说，在美育的氛围下成长时，他们会通过对古今中外各种美的人文作品、现象的鉴赏与学习，更能够体会到"心领神会"这种美的内涵。而这种精神上的感知，会使他们在生活经验增加的同时，文化积累也得到丰富，其精神世界也将获得进一步的充实。而这种文化的丰富、精神的充实，对于儿童品德、人格、价值观的形成，都有着重要的意义。

此外，我们也可以通过对传统文化的研究发现，在传统教育界，人文教育从来都是重点。且不说《周易·贲卦·彖》中"观乎天文，以察时变；观乎人文，以化成天下"证实中国传统文化中的"人文"由来已久——在西方文化中，从文艺复兴时期开始，提倡关怀人、尊重人、以人为中心的学说便已经簇簇而生。后来，这些人文思想又进一步地演化成了启蒙运动中"自由"、"平等"、"博爱"等口号。这种源于东西方的人文精神虽然不尽相同，但是在关怀人、尊重个体、以人为中心的方面，是相通、相近的。这种人文的力量之重，完全可以使用德国哲学家康德的"星空道德论"来表述：

"有两样东西，我越是经常持久地对之凝神思索，它们就越会使我内心充满常新而日增的惊奇和敬畏：我头上的星空和我心中的道德律。"

我们只有通过人文教化，我们才能够建立起内心的道德律，而另一方面，想要窥见星空中的秘密，便需要依赖于科学——在教学的过程中，在知识传授的过程中，将审美因素掺加其中，美育才能变成一种不可取代、不能或缺的文化力量与文明因素。也只有将人文融入科学中，我们才能避免"工具人"这种过度理性化的教育结果的出现；也只有将现代与传统相结合，才能使美育从一直处在边

缘、角落的尴尬处境中解脱出来，进而恢复其立足人文、依赖于科学、以美教人的身份，才能令美育在素质教育中获得充分的重视。

在这种传承与发展的过程中，我们也需要注意这样的问题：传统美育固然有其人文的深厚因素，但是，在美育功利化色彩上，传统美育体现得极为突出：一方面，人们不厌其烦地使用某一种特定的技艺，将自己与同类划分成三六九等，以艺为雅，以艺为贵；另一方面，人们又会对以艺为生、以艺为业的群体表现出轻视与排斥。这种排斥不管是在西方，还是在东方，皆有所体现，摒弃此类观念上的糟粕，则是美育实践的下一个努力方向。

3. 新美育体系的初步筹划

歌德对于美的观点值得每一位教育者去深思："我们固然不能认为，凡是合理的都是美的，但是，凡是美的便必然是合理的，至少，它们应该是合理的。"我们的教育最终的目的就是要将这种鉴赏合理的美的能力传递给孩子们。现如今，在各级教育机构中，课程改革已经获得了大力的提倡与践行。怎样将美育进一步通过课堂教学与其他作用因素，融入到教学过程中去，使每一学科都有美育的思想在其中，这本身就是一个值得所有的教育者、教育机构去不断构思与深化的课题。

要想在教育实践中切实地把素质教育摆在首位，美育，是一个极好的切入口。重视审美教育的独特功能，可以把目前正在实施的素质教育改革向更深更广的层面大大推进一步。

在我看来，从以下几个方面入手，将美育进一步在素质教育中渗透，是使其在深入而持久地进行下去的关键性前提。

(1) 保持艺术课程的开展

若一个人连最基本的艺术鉴赏能力都不具备的话，那么，他便很难具有美的认识能力与同化能力。艺术不仅能够令人感受到、认识到艺术的美，同时还可以使人受到美的感染，从而由浅入深地让孩子们得到灵魂上的自我完善。这不仅是广义美育得以形成的基础，同时也是完善素质教育的最初出发点。

鉴于艺术教育本身在人性塑造过程中所产生的无可替代的巨大作用，我们应继续保证、同时高度重视如音乐、美术、舞蹈等艺术性课程的设置，使孩子们具备一定的艺术修养，以求通过此类教育，达到建立起孩子们最基本的鉴赏能力、陶冶情操、培育人性，进一步造就"全面和谐发展的个人"的基本目标。

(2) 将素质教育与美育紧密结合在一起

我们一直在提倡摒弃应试教育的古板与灌输式教学，走向素质教育的全面发展。仅从这一点来看，就可以了解到，在两种教育方式间，存在着严重的对立与冲突，但是，二者并非存在着不可逾越的鸿沟。从广义上来说，出色的应试能力本身就是一种基本的素质。我们需要摒弃的，是那种以片面的、短视的、以分数为目的的应试教育。

相比之下，素质教育与美育则存在更多的相同点，它们拥有极强的融合能力。在实践的过程中，我们应将素质教育与美育进行紧密的结合，将素质教育与美育拧成一股线，用这股线将不同的科目、课程串联在一起，将它们共同引入更加科学与正规的教学实践中去。

随着教育视点的转变，素质教育与美育将会更好地渗入到教学过程中去，在这种过程中，知识将会带上美丽的光环，不断地吸引着孩子们去汲取、去探求，去自觉而自愿地接受沐浴，从而获得全方位的净化。在这种过程中，美育不仅是催化剂，同时更是润滑剂，也是加速器。只有美育，才能将素质教育与应试教育进行良好的沟通。

教学本身就是一门艺术，作为艺术的传导者与实践者，教师不仅应注意教育过程中的形式美，同时也要注意教学本质所体现出来的情感美与思想美。从形式到本质，如同磁石一样，紧紧地吸引着孩子们。因为不同教师所展示出来的不同教学风格，孩子们得以体会到美的离析——当然，这种复杂的美的渗透，需要一线教育工作者与学校管理者站在不同的角度、不同的位置上，进行具体的探讨后再进行实践。

(3) **重视起美育在校园文化氛围建设过程中所起到的巨大作用**

我们需要认识到，学校课程是分为两大类的：

◆ 显形课程

即我们在之前所指出的知识传授类课程、艺术教育课程

◆ 隐形课程

即学校的文化氛围所形成的无形教育。具体来说，它包括了硬件环境与软件环境两个内容。

硬件环境是指学校的总体设计、绿化、美化、建筑群等建设，一所设计美观的"花园式"校舍，本身就自然地透入了设计者的美育相关构思。如果可以让学生身处优美的环境中，对各种美好耳濡目染，自然，他们也将积极地参与到美的建设中去。这种自然的美育，恰恰就是素质教育最需要的潜移默化类教育。

软件环境则主要是指精神建设，校风、校训，学风、教风，此类的精神建设都是教育中的隐性内容，但是它们却往往会对教学效果产生直接的影响。只有当这些软件环境的最终指向是"善"时，它们才会对美育融入素质教育产生积极的影响。

学校教育的具体实施过程中，各个学科、不同环节，乃至于整个教育的全过程中，都蕴含着丰富的美育内容与因子。我们这些管理者、教育者的一大任务，就是不断地挖掘、利用这些因素，使我们的美育内涵获得极大的丰富，同时，也使美育的途径获得更好地拓宽，令个人获得良好的美育效果，使孩子们进一步养成积极的审美趣，并最终奠定真善美人格全面发展的坚实基础。

第四章 新美育的校园氛围建设

校园氛围是一所学校的风骨、特色。作为美育实施的最重要场所，校园文化塑造是否成功，是小学生美育是否顺利的关键，它通过学校各方面的文化建设，营造起相应的教育氛围，对学生与教师进行着由表及里、由浅入深的美育教育。这一理论的真实性在美育实践过程中得到了印证：在新美育进入校园的过程中，我们可以轻易地从那些成功的美育品牌中发现，他们独特的、属于自身的校园美育文化，使师生的工作与学习得以更顺利地展开，同时也使学校的教学质量上升到了一个新的层次。

一、教育实践中的三难

2008 年我由调往通州区梨园镇中心小学担任校长一职。之前一直工作在教育教学第一线，这一角色转换实在不能说是突然，不过，从教学副校长，单一抓教学工作，到主管学校全面工作，这对我来说不仅是一次成长，更是一次挑战。好在我到校以前，梨园镇便已经建设起了一个团结协作的教育集体，在这个师德高尚、业务精湛的教师团队的支持与协助之下，我在到校以后，首先所思考的，就是有关办学理念的事情。

美育理念的确认并不会减少美育实践的难度，这几年，在与其他学校的校长进行有关教育理念实践的交流时，大家都有这样的看法：理念的实践有三难：教育特色定位难，教育实践落实难，做出标志性的成果难。

（1）教育特色定位难

可以说，在学校的特色办学过程中，最难难的就是确立起学校的核心理念。

在全国范围内，有90%以上的学校都有自己的教育理念，如"培养全面发展的人才""做新世纪里的出色人才"，这样的口号谁都会喊，但难的是，找到与本校实际相符合的办学理念。

学校教育核心理念的确认，离不开学校的历史与已有的特色性项目，离不开学校主要领导的教育认知与对学校的未来抱有的发展愿景。在确立学校的办学理

35

念方面，我们可以从下面两所出色的学校理念建设中获得启示。

南开大学附属中学是南开大学旗下诸多学校之一，在建校之初，他们的管理者便已经确定了"办学理念应符合南开精神"的最基本要求。但是，鉴于南开旗下拥有多所学校，所以，每一个学校也要站在南开精神的基础上，建设出自己学校的办学特色。在继承与发扬、创新与融合学校优良传统方面，南开大学附中做得很出色。

该校依据于张伯苓先生提出的"允公允能，日新月异"校训，给出了自己的办学理念"公能引领，主动发展"。立足于这一理念，学校设立了"恩来奖"、"伯苓奖"等奖项，进一步推进了制度文化的建设；通过开设"公能大讲堂"与进行一系列校本课程的不断开发，使学校氛围进一步优化。在多方面的努力下，学校营造出了适合师生主动、积极发展的环境氛围。

天津市梅江中学立足于学校在艺术方面的杰出，提出了"尚美教育"的办学理念。通过落实一系列的课本课程，再加上对国家课程进行美育化改革、对学校美育资源的进一步开，充分地挖掘了可供多次利用的美的因素，达到了"以美育智"的效果。

学校还通过开展多次的爱国、爱党社团活动，使美育融入了社会主义核心价值理念，充分地利用了"以美育德"的先天优势。而该校也获得了卓有成效的教育效果：从学校毕业的学生多数拥有审美特长，发展全面，从而为孩子们的美好人生奠定了良好的基础。

这两所学校历史、学校情况不同，但他们都从不同的角度，提炼出了最适合本校发展的办学理念。

(2) 教育理念落实难

一旦学校的核心价值理念得到了确立，便需要在教学过程中进行落实，而这种落实往往需要三到五年的具体规划才能够成行。不然，便会沦为单纯的口号，得不到广大师生的认可，更不可能在实际的教育教学工作中发挥出其自身的作用。

想要解决这一问题，便需要在实践理念的过程中，对每一项内容都具体的确认，每一个阶段都应有具体的目标，每一项项目都应有具体的负责人，如具体的课程改革与开发，应具体到什么时间，由谁来进行开发哪一门课程。

一所学校的理念想要成功，一定要和学校的具体工作相结合起来，脱离了学校工作的理念最终只能成为一句空泛的口号。只有理念与实践工作相结合，才能

使学校办成品牌。

(3) 做出标志性的成果难

一所学校的办学理念是否成功，关键在于其是否拥有标志性的成果。因为只有成果才能够让他人看到学校理念的具体成功。但是想要取得标志性的成果当然不易。一些资源不足、管理力度不佳的学校，往往会因为中途理念执行的中断，或者研究性科目改革的无法维系，而导致教育成果出不来的结果。在理念实践的过程中，如何避免这种"努力了却得不到"的现象出现，也是学校管理者需要去深入思考的一项内容。

这三难都是教育理念落实到教育实践过程中最有可能出现的困难，而解决这些困难的第一步、也是最重要的一步就是：提出自己的办学理念。根据将美育融入素质教育的初步打算，梨园镇中心小学首先做的，就是提出了"寓美育人"的办学理念。

二、办学理念的提出

早在2007年之初，梨园镇中心小学便已经提出了具体的五年规划：从2007～2012年五年时间内，实施"小学规范化建设工程"，以期望促进教师、学生、学校的和谐发展。同时，将梨园中心小学办成让学生成材、让家长放心、让社会满意的一流学校，树立起战略式观念，以走好内涵式发展、可持续发展的道路。

1. 好的办学理念是学校发展的最大动力

我手上的资料显示，梨园镇拥有丰富的资源，而眼下想要进一步确立起新的办学理念，并持续将该理念变成学校的教育特色，需要的就是将学校资源进行最大化利用。同时，提炼旧理念、凝聚新理念。想在内涵式发展的道路上走得更远，我们便必须要结合学校实际进行分析。

梨园镇中心小学位于通州区梨园镇辖区内，学校位于城乡交接处的南部新城，是一所环境优美的花园式学校。中心小学占地面积达1万平方米，建筑面积为4816平方米，下辖一所完小，现有25个教学班，100余名教师，8000余名在校学生。2007年时，学校已经形成了"以美育人、育人臻美"的办学特色与"内强素质、外塑形象、彰显特色、争创一流"的办学思路。

在看到了这些内容以后，我不得不说我很幸运：在这样一所成熟的学校中，我多年的教育实践总结下来的经验可以在教师们的帮助与支持下展开、实施，但另一方面，因为学校发展理念过于口号化，学校目前急需形成新的办学理念。

早在上个世纪的90年代，便有学者主张，要将办学理念化。教育本身就是一项长期性工作，学校作为教育的主要实施单位，也不应满足于短期内创造的规模效益，而是应该在改革管理模式的基础上，确立起全新的理念，来指导办学活动，使办学行为进一步规范化。这也是学校获得长足发展的关键：我们不能只凭借经验、只依靠行政指令来获得学校发展，办学理念的成功是教学成功、办学成功、学校长足发展的最基本前提。

有些学校办学理念的确立往往缺乏深入的思考，想要真实地确立办学理念，我们便首先要明确办学理念到底是什么：它是校长对于"办什么样的学校"和"怎么办好学校"的深入思考。

(1) 办学理念的基本结构思考

办学理念首先应该建立在对教育规律的时代特征与管理的本质有了深刻认识的基础上——换而言之，一个只懂管理的学校管理团队或者一个只懂做好教学的学校管理团队都是无法确立起正确的办学理念的。它必须要回答三个问题：

◆为什么要确立起这样的办学理念？

◆学校要做什么，才能建立起这样的办学理念？

◆实现这一的办学理念要怎么做？

这三个问题所归结为一个问题：学校是什么？

身为管理者，我们需要明确的是：办学理念并不是一个简单的口号或概念，更不是一个教育政策、教育模式，而是沉淀了学校多年的历史传统以后，形成的教育观念。它所反映的，不仅有学校的社会背景，同时也体现出了校长、广大教育在共同愿景下所形成的一整套的办学思想的结晶。从这一点来看，我们便能够将办学理念和办学特色、办学目标等内容区别开来。

在研究学校发展的过程中，我们可以从那些卓越大学的成功中看出，办学理念对于学校发展有着怎样的重要性。

牛津大学、剑桥大学：追求学术性，培养有教养的人

牛津与剑桥并不是人类历史上最悠久的大学，而其能够经历时间的考验，在历经数百年后依然屹立于世界大学之中林，原因就在于，它较早地突破了宗教的束缚，以追求"学术性、培养有教养的人"为办学理念。也正是基于这一理念，两校才培养出了大批世界级的出色大师。

哈佛大学："课程要适应社会发展需要"

哈佛大学所提出的办学理念一直基于：课程一定要随着社会的变化、需要而

不断改变。在1869年，南北战争刚结束，社会发生急剧变化，城市化、工业化进程不断突飞猛进，高级专业人才成为了社会急需因素，于是，哈佛便提出了培养"完整的学生"，并针对此目标，对学校课程进行了相应的调整。

在1933至1953年，美国民主氛围空前发展，当时哈佛又提出了："教育应以培养起对民主社会负责的公民为首要任务"

1971至1991年，全球进入信息化时代中，哈佛大学又提出了"创新课程改革"的理念，而这一办学理念在当时被称为"震撼了美国学术大厦"。

可以看到，虽然哈佛大学的办学理念一直在变化，但其中心却一直是"课程要适应社会发展需要"这一大原则。

麻省理工大学：培养出有创新精神的学生

这是一所以工程教育为最大特色的大学，而围绕这一特色，麻省理工也一直在不断地探索，如何才能培养出与飞速发展的工业社会相适应的人才。也正是因为这一"创新"理念的存在，麻省理工大学才得以跻身世界一流大学。

北京大学的"兼容并包、学术自由"、清华大学的"大学者，有大师之谓也"，都是出色的办学理念的具体阐述。可以说，办学理念的确立，使这些大学得以在世界大学之林中建立起自己的特色，成就了自己的辉煌。

(2) 如何确立办学理念

在对学校办学理念的形成进行了深入的思考以后，我将办学理念的来源归纳为五种：

◆学校多年办学特色的积淀与进一步升华；

◆校长本人在经过长期办学以后，积累出来的大量成功经验中提炼而来；

◆对教育理论进行深入思考的基础上，发展而来的新哲学；

◆学习其他学校所获得的相关经验；

◆在教育专家的帮助下，学校独立总结出来的有效办学经验。

而最出色的办学理念不仅会结合以上因素，同时还会考虑以下内容。

①办学理念是否具有导向性

办学理念是否能够体现出"教书、育人"的目标，是否能够回答"把学生培养成什么人"这一根本性的问题。

②办学理念是否拥有一定的精神

这种精神即是我们的日常生活中所说的"精气神"，人应该有精气神，学校也应该有。而学校的精气神就体现在办学理念中，它所反映的应该是学校成员对

于教育事业、对于学校工作的共同性认识。为了获得学生、老师、管理者共同的认可，办学精神应该简单、明确，毫无歧义，不需要加以特别的解释。总结起来，办学理念应体现出七个字：言简、意赅、意深远。

③办学理念是否独特

办学理念是学校发展的总体指导性思想，因此，在办学理念中，一定要体现出学校的特色，同时还要表现出培养对象的特色。

在2012年，中国教育报曾经报道过这样一件事：在湖南省长沙市21所示范性高级中学里，有5所学校的办学理念都是"为学生发展奠基"，7所是"以学生为本"。这种办学口号趋同化的走向，明显与培养"多元化人才"的素质教育要求不相符合。

④办学理念是否具有渗透力量

一条好的办学理念应该在各种教育教学活动的过程中得以渗透，它不但能够指导教育、教学实践，同时还能够进一步转化成具体的教育实践途径与方法。在实践教育方法的过程中，它能够体现出被学校成员接受、认可并进一步内化为个人特征的一部分的特色。

可以说，学校理念是否能够回答以上四个疑问，也是判断学校理念是否具有先进性的标准。

明确了好的办学理念的特点，下一步就是要进一步提炼出适应时代要求、体现教育本质的办学理念了。

2. 发挥众力，思考理念

好的办学理念绝对不可能凭借一时的灵感爆发，甚至一拍脑袋就能想出来。一所学校想要提出、提炼好的办学理念，往往需要一定的步骤。在梨园镇中心小学，我们所采用的是"校长主导、群力群策"的方式。

(1) 总结经验，反思与研究过往

优秀的办学理念是在学校特定的土壤中生长、培育起来的，它应该是在总结学校的发展历史、筛选了学校发展的经验，同时反思了学校发展过程中存在的具体问题，在客观地分析学校的发展现状基础上提出来的。只有对学校的历史与发展现状进行充分的分析，才能够创作出出色的、独特的办学理念。

在分析学校的情况时，我发现，企业管理过程中经常使用SWOT观念在此处同样适用。

◆S：strengths 学校优势

梨园镇中心小学是一所拥有多年办学经验的学校，在学校理解师生的共同的努力下，学校优势明显。

①学校师资队伍稳定，教师责任心、归属感极强，已经形成了拥有正确舆论导向、积极进取的教育氛围，为学校教育工作的正常开展打下了坚实的基础。

②学校拥有丰富的课改经验。梨园镇小学是通州区首批课程改革实验校，在经过了长达六年的学习与探索以后，我们已经具备了一定的教学改革经验，首批投入课改的老师经验日益丰富。

③学校德育工作成绩显著。多项、多层次的德育课题研究更是进一步促进了我校德育工作的开展，值得一提的是，学校的心理健康教育研究有着出色的成绩。

◆W：weaknesses　学校劣势

没有哪所学校能够十全十美，梨园镇中心小学在发展过程中也有其不足。

①教育积淀不足

学校共有100余名教师，教师中青年教师便多达70多位，很明显教育积淀不足，部分教师缺乏开展教科研活动的内动力，教师整体的教科研能力还须全面提高。

②生源状况不容乐观

因为学校地位南区新城，属于城乡交汇处，大量常规教育不足的学生入校就读，对学校的教育质量提高、教学改革进一步深入带来了新的考验。

③学校对教师发展的竞争、考核、评价体系不完善。

④学校办学思路未能形成具体的体系，品牌效应未能打响。

◆O：opportunities　机遇

显而易见的是，学校发展的机遇也很明显：

①国家号召学校开展课程改革。课程改革意味着我们的教育由"应试教育"又向"素质教育"靠近了一步，过去我们的课程强调执行，现在，我们可以通过课程改革，实现从上到下、从下到上的相应适应。在这种适应中，创新势在必行。

②通州区教委把这几年定为学校办学特色"建设年"，由于每个学校情况不同，建设的重点和思路大不相同，可谓百花齐放，而我们梨园镇中心小学也有机会发展出属于自己的独立特色。

◆T：threats　挑战

不足有时候也意味着提升空间的大小，学校青年教师的教育积淀不足，也意味着我们在接下来的创新过程中，将会有更多的意见可以纳入参考范围中。而确立怎样的办学理念？如何根据这一理念来进行相应的创新？如何营造起自己的特色？这些都是我们应该深入去思考的内容。

(2) 校长主导，集体参议

作为学校的主要管理者之一，校长对学校办学理念的形成、确立所产生的影响是毋庸置疑的。树立起办学理念不仅仅是办学日益趋同化的大潮中，一所学校形成、保持自我独特个性、办学特色的关键，同时也是校长个人职业成长的具体需要。身为校长，应经常思考：在一定时期，我们的办学目标是什么？我们要用怎样的教育思想、办学理念去实现既定的教育目标。只有在校长有了这样的自我发展与自我完善动力以后，才有可能办出好学校，而校长本人才有可能在办学、管理的过程中，成为实践中的教育家。

梨园小学在前几任校长的领导和坚持下，一直将美育思想融入到学校各个教育环节之中，努力形成优化的、稳定的办学特色，已摸索出以美育德、以美启智、以美陶情等实施途径。随后，学校又在此基础上再次修改、确立了"以美育人、和谐发展"的特色办学思想。而我们眼下需要的，就是将这些特色、思想进一步凝练。

值得注意的是，有不少管理者对办学理念存在着误解：它是校长的个人理念的具体实践。在我国教育界，因为校长在学校中所拥有的地位、职责与，校长个人在学校办学理念的形成过程中，往往起到了决定性的作用。再加上学校办学理念总是需要通过校长的言行进一步表达出来，有时候，难免会掺加校长个人的教育主张、管理特色与语言风格。从这一点来说，校长的办学理念的确是学校办学理念的重要成分，但真正出色的办学理念依然是在学校成员共同参与、考量了学校基础的根本上建立起来的。因此，我们不可以简单地将校长的办学理念当成学校的办学理念。

事实上，学校的办学理念是由校长、教师、学生、家长与所在区域的办学理念的共同作用下形成的复合体，这也正是为什么我们在确立办学理念的过程中，要考虑到多方面的内容的原因。

在学校全体教师、上级指导的协助下，我们最终决定，将"寓美育人"确定为学校的办学理念。在理念确定的过程中，为了集思广益，我与其他管理者在校内广泛地征求了广大教师的意见，同时开展了对美育思想的讨论与争鸣。在这一

过程中，我们不断地向老师们进行理念的宣传，同时还广泛地吸收了他们的意见与建议，最终达成了对"寓美育人"这一理念的共识。

展开讨论的过程中，我个人也得以对美育范围内的办学理念的确立拥有了更精准的定位：

◆ 它应该体现出美育的基本要求

美育本身就是以"通过美的教育教化人"的教育方式，而如今，我们使用"寓美育人"这四个字来对这一目的进行概括，不仅使美育理念更有可读性，同时也体现出了教育的根本——"育人"。

◆ 它应该拒绝正确的无用话

我们很容易便能够看到那种充满了"正确的无用话"的办学理念，比如，里面充斥着团结、进取、创新、坚持社会主义办学方向一类的理念，虽然这些理念表面上是正确的，但事实上，它们并没有核心的理念，因为它们所强调的是社会主义大环境下教育本身所具有的特色。

新办学理念的提出，便意味着对学校提出了新的要求，这就意味着，我们在下一阶段的学校工作中，必须要将"寓美育人"贯彻到各个方面，并以理念来进一步规范办学中的一切行为，追求理念所要求的高质量，进而培养起个性化、高审美能力的人才。

三、营造起审美文化氛围

学校文化氛围被视为一所学校的风骨所在。身为美育观念实施的最重要场所，校园文化的塑造是否成功，是学生美育是否能够顺利实施的关键。我们通过学校多方面的文化建设，营造起了相应的教育氛围，以求使美育对学校全体成员产生着由表及里、由浅入深的影响。

1. 以办学理念为中心，营造起学校个性文化

在新美育进入校园的过程中，我们能够轻易地从他人的成功中发现，他们独特的、属于自身的校园美育文化，使师生的工作与学习得以更顺利地展开，同时也使学校的教学质量上升到了一个新的层次。

我校在前几任校长的领导和坚持下，一直将美育思想融入到学校各个教育环节之中，努力形成优化的、稳定的办学特色。在办学理念确立为"寓美育人"后，我们逐渐地在这一大前提的基础上，理出了比较清晰的工作思路，进一步确立了学校的办学特色与发展方向。

(1) 特色办学思想：以美育人和谐发展

在2009年，我校正式确立了"以美育人、和谐发展"的特色办学思想，让美育成为整个学校教育的基础和教学改革的突破口，以求在教育过程中"以美育人、以情动人"，进而深入学生、愉悦学生，起到育人的作用。

从目的来看，这一办学特色思想的确立，为的是师生能够快乐的教育与学习。从目标来看，意在追求稳定的基础上，着重于激励，着重于营造学校的活力和创造力，踏着稳定的基石，追求学校和谐。从手段来看，将着眼于启动全校师生的力量。这一办学思想的确立，让每一个师生既能增强主人翁意识，爱校乐教（学），奋发努力，又能富有强烈的责任感，为创造团结互助、平等友爱、融洽和谐的学校环境贡献力量，共同为学校的发展锐意进取。

(2) 校训：求真，向善，尚美 致和，

校训是一所学校办学理念的具体表达，同时也是学校精神的外在体现。在梨园镇中心小学的校训"求真，向善，尚美，致和"中，既传承了我校"立美、尚美"的办学传统，同时也蕴含了我校与时俱进的办学追求。

◆校训总结了教育之根本

著名教育学家陶行知先生曾经这样总结教育之根本："千教万教教人求真，千学万学学做真人。"一个"真"字就涵盖了教育之根本、做人之真理。在生活中，唯真为美、唯真为善，唯真可坚。

教育的本质就是让孩子们在受教育的过程中，养成追求真理、创造性知识的习惯，同时创新其价值观。换句话来说，教育最本质的东西就是让孩子认知真——认识知识、认知世界，这本身就是求真的过程，更是个人发展的具体描述。

失去了真的基础，教育的其他目标便无从谈起，个人思想与价值观的混乱也将近在眼前。这对于孩子的成长、对于社会的发展都无益处。失去了真的基础，教育便会沦为指定观念的灌输组织，人便有可能沦为服务于特定目的的工具，人性中的美好之处也将无从谈起。这显然不是我们素质教育最终追求的根本目标。教育本身就应建立在尊重真实的基础上，哪怕有一点的失实之处，我们都会及时纠正。而我们的校训建立在"求真"之基础上，恰恰体现了教育的深意。

◆校训综合了现代基础教育的主题

从教育学生学会生存，到让学生学会关心，校训与当代教育所表达的内涵不谋而合。在上个世纪的80年代，联合国教科文组织在其发布的公报中指出，教育

的目的是让孩子们"学会生存"。而"学会生存"的本意就是，通过学校教育，让孩子们通过知识的掌握、身体的锻炼，拥有适应社会的能力。

在本世纪初，联合国教科文组织又发觉，在科技高度发达的今天，仅让孩子们学会生存远远不够。在科技带来进步、更带来人情疏离的现实下，我们更应该让孩子们学会关心：让孩子们去关心他人、关心社会、关心国家，并在这种关心的能力中，培养起对社会、对国家乃至于对时代的责任感。可以说，这种关心与责任体现出来的就是人性之善——向善之校训由此得到解读。

◆校训指出了和谐社会的最终追求

在十六届四中全会上，国家提出了构建和谐社会的任务。此后，建立起公平正义、民主法治、诚信友爱、充满活力、安定有序、人与自然和谐相处的社会成为了所有中国人共同的理想追求。

"致和"这一校训的提出，将"和谐社会"的办学理念与精髓进一步引入了教育中，引入到了学校校园中，引入了师生的生活中。"致和"所追求的是一种办学追求：这种教育面向全体、以一生为时间，以促进老师与学生的共同成长为目的，以共性与个性的同步发展、师生关系的和谐共济为前提。在这种"致和"的氛围中，个性与独立思考得到认可，群体与个体之间的关系达到了平衡状态。人与环境在和谐中共存共生，和谐社会的理念在教育中得到了贯彻。

◆校训指出了美育的理念

我们的办学理念是"寓美育人"，而现代社会也越来越要求教育能够培养出全面的人、丰满的人，这种全面与丰满就体现对美的追求上。

"尚美"校训的提出，使学校美育的培养超越了艺术教育的范畴，它所探寻与追求的是审美视野下的学校教育，它所追求的是让美在教育中实现回归，让教育过程中彰显出美的特色，从而实现教育外在形式、内在品质间的完美和谐，让学校教育进一步彰显个体卓越的教育品质。可以说，"尚美"校训的提出，是对办学理念的重申，同时也是对"以美育人"办学特色的具体化描述。

求真、向善、尚美、致和，简单八个字，所展示的是梨园镇中心小学师生的不懈追求，更是梨园师生着眼于事、立身于世的基本理念。它所表达的不仅是我们共同的教育理想，同时也是我们一直在尽力建设的一种教育环境：在这种教育环境中，真、善、美、和得到弘扬，孩子与老师们的人生得以完善。

2. 学校特色美育目标设计

为了进一步营造起审美文化氛围，学校管理层最终决定，在"以美育人、全

面发展"办学理念的指引下，通过实施美育，促进学校、教师、学生的和谐发展。在此基础上，我们制定了《"以美育人、和谐发展"特色建设三年规划》，提出了"创造校园优美环境，锻造教师美丽人生，塑造学生美好童年，实现学校和谐发展"的特色目标。

在实践中，我们选择了"校园文化、德育、教学"三个途径，通过不断地"实践-反思-实践"的过程打造我们的办学特色，构建和谐学校，以期在营造美育氛围时，使各项教育教学活动更具体，更有目标性。

(1) 学校三年目标的确立

学校三年任务总目标：创造校园优美环境，锻造教师美丽人生，塑造学生美好童年，实现学校和谐发展。

◆2009年目标

在总目标规划中，我们决定将2009年的目标定为以下六个方面：

①依托美育教育理论和和谐发展理论，重新设计"以美育人、和谐发展"基本框架体系，为深入实施提供路径。

②制订短期实施方案，全面营造特色氛围，统一认识，统一思想，统一行动，实现美育在各学科、各部门的全员参与和全面渗透，使校园处处洋溢美的情趣，和谐的氛围，并产生出相应的育人效益。

③完善环境建设。把学校建设成为校园环境自然优美，室内布置整洁舒适的育人乐园。

④加强育人队伍建设，初步规划教师美的语言、行为。优化各项实施细则，进一步凸显校园特色。

⑤进一步修改完善《梨园中心小学学生行为规范章程》。加强学习，规范学生的日常行为，为规划的实施奠定基础。

⑥继续进行德美结合、以美育人的新途径、新方法的探索。落实书香校园活动计划，制定中国传统节日宣传教育制度，在潜移默化中使学生受到真善美的教育。

◆2010年目标

有了2009年的目标作为基础，2010年目标相对更精简、要求更高了。

①三级课程整体推进学校的特色建设

a. 抓好主阵地，上好音美课。

b. 抓住学科特点，渗透美育。

c. 完善《童话育人》校本课程，提高审美能力。

d. 强化教师专业素质，打造和谐课堂。

②美育、德育联手相互促进学校特色发展

a. 搭建舞台，师生在活动中展示美、体验美。

b. 深化传统活动，重点项目力争有特点。

③进行一体化教育网络的构建

努力构建学校、家庭、社会一体化教育网络，以班级家长教师学校为突破口，形成以美育人、和谐发展的教育工作新的生长点。

◆2011年目标

第三年目标最终确定为：在总结实践经验基础上，进一步优化学校内部管理，努力提升教师美育素养，争取培养一大批有个性、有特长、有良好思想和行为素养的学生。初步建立学生、教师、学校和谐发展评价体系。促使美育特色教育逐渐步入规范化、科学化、现代化的发展轨道，提高学校美育特色教育的知名度。

(2) 学校特色建设的实施

我校的特色学校建设过程可以分为"诊断完善、巩固发展、整体提升"三个阶段。

◆2009年，诊断完善阶段

①加强学习，注重引领，提高认识，达成共识。（工会主席负责）

a. 干部教师深入学习美育教育理论、和谐发展理论，提高认识，丰富内涵，形成安教、乐教、善教的良好教风。

b. 加强学生思想教育工作，以中华传统美德教育为主旋律，开展形式多样的活动，促使良好学风的形成。

②加强领导，注重实效，科学部署，扎实推进。（校长统一安排）

a. 做好特好建设的统筹规划

围绕学校特色建设的方向及目标，发挥学校特色建设领导小组的作用，加强对学校特色建设的领导，做好学校特色建设的规划、统筹、目标的制订，做好学校特色建设工作的考核、评估。

b. 成立有关的工作小组，具体实施特色建设工作

学校特色的建设不是一蹴而就的，需要一个漫长的阶段，为此，我们要科学部署，分步推进，逐步深入。每年要分别制订特色工作计划，落实措施，进行阶

段性反思、小结，分析问题，寻找对策，使特色建设稳步推进。

③建设文化，营造氛围，强化管理，构建机制。（校长、德育、后勤负责）

a. 注重校园文化建设

校园文化的建设最终以形成物质文化、行为文化、精神文化三位一体的教育环境为最终目标。只有这样，一个良好的校园文化的美育系统才能真正建立起来，我们的教育也才能真正达到"和谐"育人的最高境界。

b. 形成并逐步完善特色建设的管理制度

一是导向机制，建立"人人关心学校特色建设、个个参与特色建设"的局面；二是活动机制，以活动为载体，促使特色凸现出来；三是考核机制，根据学校特色建设的方向建立必要的考核、评估制度；四是激励机制，建立特长教师、特长生的评估和奖励制度，对在创特色中成绩突出的骨干教师，给予荣誉和物质奖励等，以激发教师、学生创特色的积极性和创造性；五是经费保障制度，学校将在不同阶段，根据学校特色建设需要适当投入一定的资金作为保障，使研究工作得以顺利进行。

◆2010年，巩固发展阶段

①整体着眼，注重整合，系统入手，分工明确。（教学副校长负责）

以教育科研为先导，以现代教育理论来指导学校特色建设。进一步研发校本课程，突出选择性、实践性、综合性，凸显学校特色。

②优化师资，落实保障，沟通社区，形成合力。（校长、副校长、德育主任负责）

a. 加强师资队伍建设

蔡元培先生说过："有特色的教师是学校的宝贵财富。"因此，在创建学校特色中，我们要加强师资队伍建设，我校本着"内强素质、外塑形象"的理念，继续探索适合教师专业发展的校本教研形式，努力完善"问题引领、专题实施、任务驱动、成果递进"的校本教研思路。

b. 创设积极文化氛围

积极在师生中倡导"我与好书同行"的思想，努力践行"我读书，我快乐，我成长"的理念，通过开展读书活动，引导老师、家长一同参与读书活动，创设良好的读书氛围，营造书香校园。

c. 发展社会力量

向家长、社区广泛宣传学校的特色建设的方向、目标和阶段性进展，征询他

们的意见和建议，让社会、家长真正理解办学有特色、学生有特长的重要意义，并取得他们在精神上、物质上的支持；要充分调动他们的积极性，使他们成为学校特色建设的一支重要的力量。

◆2011年，整体提升阶段

①总结提炼

在迁移实践中，验证、完善已有经验，促进经验的成熟、发展。形成以美育人、和谐发展的教育特色。

②整合渗透

通过主课程落实、校本课程的开发，对特色项目、整合、串联形成一体。并渗透于学校教育的方方面面。

③内化成熟

通过整合渗透，特色项目的基本观点和基本原理逐步内化为人的行为，溶入教师的教育教学活动之中，成为全体师生的自觉行为，成为学校工作的一个有机组织部分。学校特色建设进入整体层面，呈现一种特色文化的状态，标志着我校特色学校的形成。

三年时间里，进一步深化"以美育人，和谐发展"的办学特色，打造品牌学校成为了我们工作的主旋律。在"求真、向善、尚美、致和"校训精神指引下，在全体师生共同努力下，"让每个师生都精彩"的美好愿景得以窥见雏形。

3. 通过景观传递美育内容

优美的环境，在教育过程中可以对孩子们的审美素养起到巨大的作用。马克思认为："人创造环境，同样，环境也将创造人。"显而易见的是，人格的升华、自我的完善都离不开良好的环境建设。蔡元培先生也曾经说过："每一个学校的建筑式样、陈列品，都应合乎美育的要求。"苏联著名教育学家苏霍姆林斯基对此也很认同："创造良好的育人环境是整个教育过程中最为微妙的领域之一。"

作为一种以显性为主的美育内容，校园环境具有持久性、暗示性与愉悦性等特点。它以直接的形象，将教育思想与校园办学理念不断地融入了可以具体感知的情境之中，对孩子们产生着巨大的影响与感染。

校园景观建设包括了建设装饰、教学设施与具体的环境卫生。它是校园文化建设的重要基础，对整个校园文化的建设起着重要的制约作用。在小学校园景观设计方面，我们最需要遵循的要点是：让学生们在与环境交互的过程中，获得身心的和谐，感受到美的真实存在。

在新美育的建设过程中，我们不仅需要营造起特定的、具有美育内容、拥有教育性的景观，同时更需要建设起学生们乐于参与的景观文化。

(1) 校园景观建设应具有教育性、科学性

学校是育人活动的主要开展场所。景观设计应充分地体现出校园的文化气息，进一步营造起良好的学习氛围，使校园景观可以对孩子们的行为产生积极的引导作用。在建设景观环境的过程中，科学性、功能性、教育性三个问题缺一不可。

(2) 景观环境建设应突出艺术性、审美性

校园景观建设应突出审美性与艺术性，令孩子们通过观察、欣赏与体味，进一步激发起对美的积极向往，进一步产生美感效应，在美感效应的体验中，使个人审美创造的激情得以陶冶、萌芽。

(3) 突现校园景观中特有的文化内涵

校园景观环境是校园文化的主要物质载体，一所建设良好的学校的景观应在物质形态上将学校长期形成的、经历岁月积淀下来的人文精神与文化内涵体现出来，从而使师生在欣赏景观时获得知识的增长、素质的提高与心灵的净化，为塑造起优秀的品格创造良好的条件。

多年以来，梨园镇中心小学一直在通过多种途径，努力营造起合乎美育要求的自然人文环境。营造起现代化的美育校园景观环境，全面改善学校的教学环境，使师生在美丽、洁净、绿色的校园中健康地成长、工作，是我们追求的目标。

在我校的景观环境建设中，我们主要以三个形式呈现：

◆ 校园建筑

我校教育主楼、办公楼，浑然一体，整齐划一。全体师生在流畅、舒适的生活中能够感悟到现代建筑所具备的静态美，并在这种静态环境中感受到学习生活中的"动态美"。这本身就是一种潜移默化的积极审美过程。

学校的左边是被绿草地全面覆盖的操场，就在这里，我校学生的大课间活动获得了上级领导的认可，每一年大型的各类室外活动，都在这里举行。一批批小运动健将在这里挥洒汗水，获得成功。小小球场折射出的，是我校学生的勃勃生机。整洁完备的学生实验室计算机房，无一不体现着"尚美、创美"的美育追求，同时也为孩子们的学习与成长提供了切实而有利的保障。

◆校园走廊

这是我们学校展开德育的重要阵地，同时也是学生们展示个性与特长的大舞台。教学大楼的各个楼面都是根据各个年级学生们的接受能力与特点进行展示的。例如，一、二、三年级走廊上的"花儿朵朵"、"美好童心"等特色板块，丰富多彩的内容，充满了童趣与童真的学生作品，不时引来了孩子们的驻足观看。四年级以上的教室走廊外面，则以历史文化名人为主，身处其中，孩子们不仅能够了解前辈大师的主要成就，同时也能够感受到人类数千年文化的丰富与深厚。课间，孩子们走过走廊时，脚步变轻了、声音变小了，走廊文化真正地达到"润物细无声"的教育目的。

◆室内设计

学校在室内空间的利用上也是新意迭出，在美术、音乐、书法等专用教室的建设过程中，我们不仅考虑到了它们的现代性、美观性与先进性，同时还充分地考虑到了作为艺术活动的主要场所所具有的独特性，将它们本身就当成了艺术品来进行精心的设计与建造。美术与舞蹈教育在综合楼的顶层，按教学的要求，美术室内全部采用大窗式设计，以考虑到自然采光；舞蹈教室则装饰了整面墙壁的玻璃镜，以让孩子们在舞蹈时，可以对着镜子纠正自己的身姿。除以上艺术教室的特别设计以外，学校其他室内设计与装饰布置也以简单明快、大方实用为主要风格。这种实用、简约的组合，不仅充分地体现了简约之美，同时也起到了启人心智、带给人丰富而独特的审美享受的目的。

◆展板内容

学校在各个班级、各个教学楼的外面都设有展板、黑板，经过长时间的用心营造，这些地方早已成为了学生们展示自我才化、发挥自我特长的小舞台。孩子们主动参与各类活动的成果、自己用心做出的小作品，还有出色的美术、摄影作品，都被张贴在其中。而各个班级的教室中，也有体现本班特色、个性的黑板报与墙报。

随着校园景观文化的进一步完善，我校为孩子们的成长搭建了一个宽阔的、适合学生人格发展的大舞台。优美的环境，总是以其特有的象征符号，向学生们或潜在、或公开地输送某种价值标准。通过这些努力，学校的一景一物都得以成为美育的内容，每一堵墙壁、每一个角落都在与学生们进行着无声的、有关美的对话。

四、开展德育，让审美与道德更好结合

美育与德育之间存在着密切的关系，两者之间相互渗透，同时又相互影响。这种力量就如同蔡元培先生所说的那样："美育与德育相辅而行，以图德育之完成也"。只有将德育与美育进行良好的结合，使两者得以合力实施，才能够使两育皆获得显著的教育效果。

1. 德育与美育相互独立，各成体系

在过去很长一段时间里，我们强调素质教育应全面发展。在这种全面发展中，美育并未得到明确的教育方针的认可，而这其中很大一部分原因，是因为教育界普遍将美育看成了德育的组成部分，或者，仅仅是将美育当成了德育走入生活的一种常见性工具。但事实上，德育与美育并不能混为一谈。

(1) 美育比德育包括了更深层的道德教育

素质教育中的德育更多的是一种被规范化了的教育，我们通过爱国爱党教育，让孩子们建立起社会主义审美观点。而这种审美观点的建立主要通过道德上的要求，以求让学生们明确现实生活中哪些行为是对的、哪些行为是错的，并最终从意识上形成对自我行为的合理化规范，使社会主义背景下的道德规范在教学活动，进一步变成个人的道德意志。

相比之下，美育则是一种完全自主性的审美熏陶。它所侧重的是，通过美的事、物、人，对个人精神形成激励与激化作用。与美育的这种自发性行为相比，德育所着重的是理性化的层面。它期望作用于人的良知，建立起理性的道德，而美育却更期望通过美，来建立起美的感性，并利用这种感性的无意识形态，在潜移默化中，对人的气质、性格、胸襟等更深层次的因素起到作用。而在这些方面，单纯的德育是无法达成的。

(2) 美育比德育拥有更广阔的社会功能

德育的这种社会功能在不同的时代、不同的社会背景下，都有不同的内容得以展示。德育的最终目的，是期望通过理性的教育，使社会行为变得规范，使人与人之间的关系达到和谐，它所期望的是，通过社会主义道德观的理性养成，建立起和谐的社会规范，使社会能够在正常的节奏下动作起来。

美育则主要侧重于通过教育的方式，着重于个体生活的筹划。它期望通过这样的教育，使每一个个体的精神都获得和谐、健康的发展，并进一步帮助个人塑造出完善与健全的人格。

我们也很容易看到，若是在社会交往过程中，过多地描述自己的德育见识，很容易会被看作异类。而美育教育出来的个人却能够做到感性与理性、道德与审美上的统一与和谐。而这样的个人不管是在团队合作还是社会交往过程中，都更容易被他人所接受。因此，我们也很容易注意到这样的现实：虽然美育的目的也是通过个人的成长来促进社会的和谐，但美育是通过维护个人精神世界的完整，来达到全面促进人际关系和谐目的。

(3) 美育比德育更能够促进创新

对美的追求很容易让个人产生丰富的感性认识。在审美教育中，我们也会更注意事物中的审美功能。我们在德育过程中，往往会过分地强调一个人在道德上的贡献：一个人做出了怎样的成就，获得了什么样的荣誉，而他的这种行为，对社会有着怎样的意义。但是，在美育过程中，我们首先想到的是个人在生活中所体现的美，不管他是否做出了巨大的贡献，只要他在生活中体现出人格之美，他便是美育的内容。

从这一点上来说，美育的范围要远比德育更广泛。通过美育，我们会对人与事、物的美更加侧重，并会产生"让自己成为美的一部分"的想法与愿望。这种愿望的产生，正是社会和谐、创新行为涌现的根本性动力。在这种追求美的愿望的推动之下，个人才会主动地去创新、去发现。

美育与德育就是在这种既联系、又独立的关系中实现共存的，它们通过相互配合、互为补充、彼此渗透，来实现美的教育。但是它们无法做到相互代替。因为美育所立足的是解决各类审美问题，而德育则更着重于解决道德、政治方面的"行"、"信"问题。可以说，虽然两者同样侧重于解决非智力性问题，但是两者之间的差别还是相当明显的。

2. 结合三原则，展开两育实践

在对美育、德育进行融合的过程中，我们的实践活动主要遵循三大原则，事实证明，这三大原则使学校的美育实践变得更全面、更贴近现实了。

(1) 将审美情感与道德情感进行结合原则

情感体验是审美心理与伦理心理之间达到平衡的最关键纽带，这种纽带的重要性就如同苏姆林斯基所说的那样："唯有在理智与情感达到了完全一致的融合情况下，我们的判断才是正确的、可靠的。"也正是遵循了这一原则，我们在对孩子们进行思想教育的时候，融入了审美的情感、道德的要求，从而获得了更好的教育效果。

在我们校园绿地上，处处都可以见到这种富有童趣、以漫画形式出现的标识牌："整洁的校园有你一份功劳！""小草在睡觉，不要打扰她"、"你在成长，小树也在成长"。原来那种"不可践踏草坪"一类的警示牌被换成了融入了审美与情感的小标牌。而这些配有不同卡通形象的小标牌，恰恰体现出了美育与德育的完美结合。

◆小标牌艺术地揭示了道德规则或者道德智慧的美丽：只要我们稍稍注意一些举手投足的小细节，我们的生活环境会如此美丽

◆小标牌将"美丽整洁的校园"与"有你一份功劳"相连接，有强烈的"作品美"欣赏的导引、暗示作用。儿童道德行为方面的劳动成果，在这里成为供学生审美欣赏的对象，同时在自我肯定中实现道德的进一步成长。

◆阅读这个小卡通的所有老师、校长、家长、访客都会在这种道德智慧美、道德教育美的映照下欣赏、感动，无意识中大家都会有一个积极的评价，大家都会对学校、对孩子们有更进一步的积极作为，从而使学生或者师生们创造的道德风景更加美丽动人。

◆卡通式的小标牌设计无疑是一种富有童趣的审美形式："你在成长，小树也在成长"更是不假修饰的儿童生活语言。显然，道德美、德育美如果要儿童欣赏，就必须寻找到符合儿童发展与审美心理的形式。

(2) 将审美理想与道德理想进行融合的原则

列宁曾言："若失去了个人的情感，真理的追求便会沦为空想。"个人的审美观与人生观、世界观是紧密联系在一起的。若是没有了审美观念上的培养，那么，正确的人生观、世界观便会成为一句空话。另一方面，若人生观、世界观的培养出了问题，正确的审美观也将无从谈起。

小学时期，孩子们的人生观、世界观与审美观都在逐渐地形成，唯有注重两者间的结合，才能够使孩子们培养起既高尚、又美好的人生理想，而这种理想也应融合道德与审美两方面的因素——只有如此，孩子们才能在成人以后，按美的规律，对自身、对世界进行新一轮的改造。

鉴于孩子们在初入学时因为环境不熟悉而产生的不敢说话、不敢发言情况，郭增力老师在一年级2班中展开了"请到我家来做客"的演讲活动。

在这次活动中，郭老师鼓励孩子们不断地针对自己家的各种特点、家周围的景色进行介绍，比如，我的爸爸妈妈是干什么的？我的家周围有哪些好玩的地方？我在过去是怎么成长的？我有哪些特点？我希望在学校里达成怎样的目标？

我的理想是什么？

孩子们在受到了鼓励以后，积极地进行了发言。在这种活动中，我们可以发现，老师根本不用提"爱家""爱国""友善交友"等道德要求，便已经让孩子们自己将家中最具有闪光点的特点介绍给了学生们。自尊、自爱、团结、友爱等大观念也不需要再大谈特读，因为孩子们在活动中已经懂得，并已经真正地做到了。

(3) 将审美评价与道德评价进行融合的原则

基础教育中的德育与美育的最终目的，是在建立起孩子们的审美能力基础的同时，使他们拥有基本的道德素养，进而建立起完善的内心世界。因此，在审美教育中，对学生审美能力的培养也应包括道德评价能力的培养。而德育过程中，我们也应重视起审美规律的应用，使学生们的审美能力的培养进一步纳入到德育的范围之中。这样，不但对教育效果有着积极的作用，同时能够促进教育方式的改革。

学校针对学校学生知识面较窄、阅读能力不足的情况，开展了"颂美文，读伟人故事"、"讲诚信故事，学典范"等多个活动。这些活动的目的在于让孩子们在读诵的过程中，不失时机地受到书中道德典范人物的影响。

同时，学校还针对这一活动，开展了"我写身边的美好故事"小活动，鼓励孩子们去发现身边的好人好事。孩子们优秀的作品被张贴于教室黑板板上、学校校报中，同时还有机会在课间休息时被广播出来。

经过一段时间的实践，读书、学习好人好事，已经成为了学校文化生活中的重要景色，可谓是"处处充满书香，人人自修礼成"。

3. 重视细节问题

鉴于美育与德育的实践活动多样而复杂，我们在学校的文化氛围建设过程中，鼓励老师们进行"百家争鸣"式的实践探索。为了进一步规范起德育与美育的实践活动，使美育不至于与德育脱离，我们在考虑到统一性与个性化的基础上，提出了对实践活动的共同要求。

(1) 美育实践应考虑的共同要求

我们在学校实施美育与德育的活动结合时，结合了"设计主题——收集素材——审美改造——活动展示"的具体活动程序，以期望在师生交流的过程中，获得德美同步发展的良好效果。

在这种德育基础上展开美育活动主要要求有：

◆将德育的目标与审美的目标进行良好的结合，以期实现"有东西可欣赏"、"孩子们会欣赏"之间的统一；

◆充分地对具体的审美设计进行考虑，同时，根据具体的审美形态的特点，进行德育活动的进一步审美化改造；

◆结合具体的教学科目，或者具体的活动主题，进一步考虑到教育对象的年龄与生活实际，特别是不同学生的接受心理，展开教学过程与活动展开细节中的审美化细节处理。

(2) 德育过程中的细节审美化处理

在这种主要要求中，最后提到了"审美化细节处理"的问题。这种细节化实际上是使德育与美育变得更加贴近、更能完美融为一体的关键。德育目标是否能够实现，主要需要依靠基层老师在教学、教育过程中的具体引导来实现，而这种引导主要体现在细节上。

在教学过程中强调德育细节化的责任非常重大，因为在具体的课堂教学过程中，我们很难在每一时刻都不断地强调德育。除了一部分德育内容可以通过特定的主题、系统化的板块来进行组织、实施以外，更多的内容需要通过一些细微的、独立化的细节来进行实现、来实现支撑。

现实生活中，细节的意义往往会被无限放大，就如同文豪们所说的那样，细节里既有魔鬼，也有天使——关键在于我们取其哪一方面。在教育过程中，老师的一个微笑、一个眼神、一个表情、一个动作、一句赞美、一声叹息，甚至是一件服装、一个作业批示，都包含了德育的内容。而这些细节之处的德育能否实现，关键就在于细节是否体现出了教育之美。可以说，只要师生之间保持接触，便会有德育细节产生。我们甚至可以说，教育之美，本身就是由一系列的德育细节中透露出来的美所组成的。

对于德中的细节进行审美化的改造，便意味着我们的老师要学会说话、学会微笑，在表扬与批评中实现艺术之美，在提升自我智慧与情操的同时，使行为美、仪表美、语言美得到展现。就算是我们无法做到对每一个德育细节做不到精雕细琢，我们也应该做到有所讲究，尽可能地使每一个德育细节的质量获得全方位的提升。

细节的质量体现在，孩子们是否从老师的一举一动中，看到教育的真诚与美好：一方面，我们要注意老师的行为、语言是否能够引发学生们的道德感悟；另一方面，我们也要注意观察，这引起细节是否能够使孩子们心悦诚服地接受德育

所传递的美的信息。现实生活中，有些老师在学生面前没有威信，讲的话孩子们不肯听，这与老师们不讲究德育细节也有一定的关系。

(3) 四步骤解决细节处理相关问题

实际上，细节上的处理是成功还是失败，关系着我们的德育与美育是成功还是失败。换句话来说，赞美可以是美的、批评也可以是美的、眼神可以是美的、动作也能是美的——当然，它们也可以是完全相反的。

因此，细节可以是成就德育的最基本风景线，同时也可以是破坏德育风景的不良因素。因此，在德育与美育审美化的过程中，我们让老师们针对以下基本问题展开了认真的思考：

◆ 细节与整体的关系应如何实现？单个元素的美丽应如何在德育与美育结合的过程中得到更好的体现？

◆ 细节处理应考虑到细节的具体的时间、程度与频率等多个问题，怎样才能让细节符合教育的规律与孩子们的审美心理？怎样才能让细节在美育展示的过程中展示出自然、真诚与爱？

◆ 在涉及到了具体的艺术形式时，如音乐、绘画、戏剧表演或舞蹈时，我们应如何遵循这些艺术的特定规律，避免反美为丑、东施效颦的现象出现？

这三个大问题的提出，使老师们对美育展开了更细致、更入微的思考，进一步促进了我们对双育齐头并进另一个具体步骤的提出："先筛选、再发掘、后打磨、终整合"。

①筛选：对细节审美化的各种可能性进行充分的考虑，在优中选最优，美中选更美；

②发掘：发现教育者自身所蕴含的德育之美，通过老师的角色、老师的一举一动，来具体地展示出德育的魅力与细节；

③打磨：对选择好的细节处理方式进行适当调整、完善，使之与德育和审美规律相一致；

④整合：进一步考虑到细节上的完善与整体目标之间的辩证关系，由细节上的完善，实现德育目标，使孩子们意识到教学过程中体现出来的美好。

审美的任务最终被确立为向美，而道德教育的目标也只能是将道德上号召化为行为，通过对两育的各自完善与相对融合，我校最终形成了审美与道德教化齐驱并驾的良好教育势头，道德的智慧与积极教育的美，在两育结合的情况下得以形成。至此，学校的美育文化氛围才最终形成。

第五章 新美育学校的管理特色

在当今社会，想要获得长足的个人发展，需要将职业进行长远规划。这种深远式发展理论在学校的建设中同样适用：对于一所想要树立自我美育品牌的学校来说，管理需要有自己的特色，在体现出了美育特征的同时，还要与学校的实际相展相契合。正如《礼记·中庸》一书中所强调："凡事预则立，不预则废"那样，管理之道，同样以树立起良好的管理计划、进而塑造出良好的管理特色为发展的上上之策。

一、新美育中的管理需要"细"、"精"、"深"

在美育背景下的学校管理所追求的，是以"美"为目标的管理模式。而这种美在整个管理体系中体现为"细"、"精"、"深"之美。

1. 管理之细：美育管理要入微

美育管理之细主要表现在管理过程之细微，管理行为之细微上。美育管理与其他学校管理模式一样，追求"以人为本"。这种"以人为本"体现在管理方式是"粗管"，但是在管理过程中，则要尽量细微化。

在实际的学校管理工作中，管理是否细微，取决于以下三个方面：

◆部门与岗位设置是否合理；

◆岗位人员分工是否合理；

◆管理人员的管理素质；

◆内部成员参与管理的意义。

而具体的管理效能也等同于这四项内容的总和。

举例来说，在游泳池边上，多远的距离设置一个救生员都是有具体的规定的。但最重要的是，那些坐在高高的位置上的救生员对自我岗位的重要性有多少认识，以及他们执行岗位时的责任心有多少。若救生员管理到位、救援积极的话，意外便会很少发生。但是，若身在其位却总是开小差，那么，即使在海边设置再多的岗位，发生了溺水事件也无法被及时发现。

细微化管理所着重的是关注细节、追求管理过程的精致化，重视过程的细微化，其目的就在于，在把握教育大目标的前提下，将大家平日里看似简单的小事、琐事细心地做好，真正地实现"校园无小事，处处皆美育"的美育敏锐性。

在学校细微化管理的过程中，我们做到了"四个坚持"。

（1）坚持管理目标明确化

制度的存在始终是学校目标在工作规范上的具体体现，学校在制订与完善各项制度、引导学校教职员工日常工作规范过程中，应运用起常规的管理制度对教职工个体行为进行约束，并明确相关的奖励与惩罚措施，以保障学校各项措施得以政令通畅。同时学校的美育相关内容也有具体的管理项目，比如，在美育课堂的具体评比中，我们便有具体的分数评定。这种明确化的管理、精准的衡量，使学校的美育发展得以持续。

为了进一步使管理目标得以细化，我们还对管理过程实现了从头到尾的严格。加强制度的执行力、让个人成为执行的单位，对制度的执行进行跟踪管理等行为，不仅是基于执行过程中信息沟通的需要，避免了出现理解不一而导致执行结果的偏差，同时也实现了制度管理全过程监督的目的。

（2）坚持学习他校的细微化管理经验

纵观能够形成自我管理特色的优秀学校，无一不在细节上下了大功夫。江苏泰兴洋思中学在细微管理中所坚持的"堂堂清，日日清，周周清"实践，上海一些学校所坚持的"在细字上下大功夫"的做法，都值得我们去深思。在这些学校中，具体到一个灭火器的摆放、一个档案的整理，甚至于每一块玻璃的擦拭，都有明确的规定，而这些在小处所体现出来的精细，正是我们在美育过程中值得去追求与借鉴的。

因此，在梨园镇中心小学中，我们坚持将精细化理念进一步内化成自我行为准则，并要求教师在个人行为、教学行为与具体教学过程中，实现"细化以求精"的工作观念，创设出自我精细化的、与美育相结合的美育管理观念。

（3）坚持细微化学校的每一个管理环节

不积跬步，难至千里。细微化美育管理过程中，我们要求每一个科室、每一个教研组与年级组，都根据自己的学年总目标设定出阶段性的目标，并明确每月工作目标，建立起精细化的目标体系。我们要求各个小单位、小组对目标的制定进行详细的论证，以确保总目标具有指导性、子目标拥有可操作性，并将目标进一步细化到每一个个人、每一个教育环节中去。

规范是细微管理进行的依据，同时也是上述目标是否能够达成的重要保证。我校依据于教学规范，对原有教学规范进行了更新。立足于美育基础上，要求教职员工能够明确自我工作职责与规范。在此基础上，添加简单明了的、实用性强的、执行力高的、基于美育认同与接纳的工作规则，以求培养起教师美的追求、美的教学习惯，而这种规范上的创新多是从师生的成长需要与具体的生活体验中得来。

（4）坚持细微化管理单元

在管理单元的细化上，我们从各个小处入手。

为了达成"美的会议"的展开，我们要求各个环节都应安排到位，具体到会场的布置、桌椅的摆放，再到每一张桌子上的物体摆放，人员工作的具体分配，我们都以"美中透实用"为衡量标准。坚持将细微之处做到最好这一原则的实施，也使每一次的会议展开都带给了个人美的感受。

在校园的物质文化建设中，我们同样要求细微化原则——环境是不是美的，往往会从细节中体现出来。我们尊重了细微化的原则，如插座、路牙的美观性与安全性，桌椅的比例、教室的采光度等，标语是否优美、是否具有教育性；绿化布局是否愉悦，我们都进行了周全的考虑。

这种管理单元的细微化还体现在了教学过程的细微化、学生德育的细微化上。这种细微化的管理进一步证实了，真正高明的管理是一种境界，更是使美育由理论落实到实践的一大要点。

2. 管理之精：美育管理要入境

管理之精体现在管理在审美的入境上。"精"一方面体现在学校管理团队对美育的深入与了解程度。我们既然要实践这种教育模式，便必然要将其理论、理念坚持到精细与精密的程度——更准确地来说，我们要追求教育内容、教育模式、管理内容的精致上。这便将管理之细进一步上升到了提升品位的位置上。

一旦上升到了品位的高度，便是一种境界上的追求了。这就如同我们在之前所提到的王国维老先生的三重境界一样。这种管理上的入境则可以从三个方面来进行阐述。

（1）个人与团队的入境

个人与团队始终都是相携而行的：只强调个人而忽视团队，便得不到合力之资源；只强调团队而忽视个人，也将使团队落败。这便涉及到了个人合作与协作的问题，这不仅是校长与教师、校长与团队之间的合作，更牵涉到了教师与教

师、教师与团队之间的合作。我们可以说，精致的管理，本身就是团队的管理，而另一方面，精致的管理所追求的，正是通过制度来使团队达到最融洽状态，使个人的力量最大化，而这一切，都需要在细化的制度中实现。

值得重视的是，校长对于学校发展有着格外的重要性，而其之所以重要就在于：一项理念要想成功，始终是由校长开始，往下渗透的。因此，校长不仅要有相应的管理能力，更需要拥有将美育所需要的各种能力，从自己的工作过程，进一步融入到团队中去的能力。

(2) 追求的入境

从本意上来说，我们在做一件事情时，都期望自己可以成功，或者退一万步来说，没有人愿意将一件事情做坏。特别是将这一推断放于教师这一职位上时更是如此：大多数的教师在入职之初都是怀有"教书、育人"的美好梦想的。但是随着现实的打击或者个人需求得不到满足，入职之初的追求也逐渐退却。

我们的制度除了要将团队的力量发挥到最大化以外，还应关注个人追求的入境：怎样才能让教师恢复成美的职业？怎样才能让教育本身恢复美的本质？怎样才能让教师恢复对教育的信心，进而建立起"我是美的"这样的信心？这些都是我们的制度所追求的目的。建立起这种入境的制度，使管理进一步精致，使我们的管理变成能让人看到希望的管理，这正是美育管理期望达到的入境。

(3) 持久的入境

教育本身就是一项长期性工程。我们可以这样说，真正优秀的教育实践皆经过时间的考验。美育也不例外，在美育理念的确立会议上，我便向学校的全体教师们传达了这样的观念：我们若想要将美育在本校发扬光大，将其建设成学校的特色，我们便必须要建立起打持久战的观念。

这种"入境"的追求是需要坚持的：坚持在每一个细节中注入美育，将美育整合在每一节课、每一间教室里去。这种坚持特别需要毅力：坚持做好一件事可能并不算太难，但是，要持续地坚持做好每一件事情就会很难了。看似重复或者真正的重复，都会令人有疲惫与厌倦之感产生。值得庆幸的是，我们如此多的美育资源值得借鉴、值得深入地学习。因此，只要用心去钻研，这种持久就是有趣的、有美存在的。

3. 管理之深：美育管理要入水

"入水"式管理其实是针对"表面管理"来说的，表面管理便是一种无法体现深度的管理模式。这种管理模式的最大害处在于，它所追求的是表面的效应，

而非管理的实质，也就是我们在美育过程中要去尽量避免的"重形式、轻内容、轻质量"。再讲得严重一点就是：我们应尽量避免这样的形式主义，因为这是"站在岸上的管理"——你只通过理论看到了美育的风景，但是不深入地去探讨、去实践，你是体会不到美育式管理所带来的好处的。

所以，管理应该既有形式，又要有内容，更要有相应的深度。从梨园镇中心小学的管理实践来看，大到学校校园的全面管理体制的建立，人事管理、经费管理，小到一个班级一件小事情的管理，或者具体到某一老师、某一学科的具体管理，都应该是有秩序的，而且是规章制度中有迹可循的——若没有，身为校长便应该从自己入手，看是否在制度制定的过程中有所纰漏，并再次针对事件，融入相关的管理程序。若是哪个老师的哪项工作未能被管理到，而事后又无弥补措施，那便是管理的失职——防微杜渐，才能杜绝美育制度流于形式。

可以说，入水式的管理需要从面到点、再到底层，皆有章可循。这是一种全面的、深入的管理，同时也是我们所追求的最高境界。在这种入水式管理中，我对梨园镇中心小学的老师们所提出的要求有三点：

(1) 教师自身管理

管理想要入深、精致，首先要老师管理好自身，在所有的管理因素中，自我管理是最重要的一种。没有了自我管理，那么，管理的最原始、最重要动力也将不复存在。可以说，自我管理是内动力，一旦内动力缺乏，那么，外力再多也将是低效甚至是无用的。

当然，在自我管理的过程中，往往会与学校的管理目标出现较大的偏差，这也正是为什么管理中要配合行政管理的重要原因。

(2) 教研组与班级管理

教研组是管理教师业务的最基本部门。事实上，我们大量的业务管理都是基于教研组基础上的。若教研组以完成任务式的心态去开展工作，仅仅是浮于形式、走走过场，那么，我们的教师便会在这种形式化的教研活动中被"淹死"。为了避免这种恶果出现，我们便要在实现美育管理整体化的基础上，展开个体化管理，这也正是将美育落实到具体工作中的要点，而这样的管理才能够更加有效、更有力。

班级是学校的最基层组织，班级管理也是学校管理的基础，它融合了教育教学与学生管理于一体。班主任是一个班级的"行政长官"，应把握好每个学生的具体变化，并与每一位任课教师进行交流、沟通，不断地对美育育人方案进行修

正与完善。这种从班主任起开始培养起来的综合性管理能力，不仅是学校发掘管理人才的重要来源，同时也是美育得以长期持续发展的前提。

(3) 学校中层部门管理

这一管理便包括德育处、教导处、后勤处等多个部门。梨园镇中心小学的规模并不大，所以这些部门不仅承担了对个体教师某一方面的管理，同时还包括了一些基层教研组或者具体工作组的管理。

可以说，中层部门的管理既是点，也是面。而在这些点面结合的内容中包括了学校所有的中层领导：教导主任、德育主任、后勤主任。他们是校长与基层教师之间联系的纽带与学校的中坚力量，多数中层管理者不仅是教学业务上的精兵强将，而且在管理能力上有着自己的独到之处。这些中层管理者的工作得失，更是关系到学校发展与学生成长的关键性因素。可以说，美育在基层的落实与具体问题的发现，多要依赖于这些中层管理人员。

中层部门的承上启下作用必须要在管理实践过程中实现，因此，在制度建设的过程中，针对中层部门所制订的管理制度也需要得到重视。

我们需要明确的是，新美育的实践过程中，并非一定要有问题才需要管理，而是所有的工作都需要通过管理来达到美育的各项标准。我们在新美育中所强调的管理，并非救火或者堵漏，而是在工作过程中，怎样通过校长的理念的引导、制度的建设来达到有效的"管"与"理"，以求让我们在实践美育的过程中所有的付出更加有效，也更加有成绩。

二、校长是学校新美育发展的重要因素

陶行知先生说："要评价一所学校，先评价这所学校的校长。"对于校长而言，学校管理不仅仅是个人职业责任，同时也是一门值得深入研究的学问。学校的好坏与校长的管理是否得法息息相关。只有懂得管理，学会管理，才能充分地发挥学校全体上下的积极性，使学校充满团结、和谐与积极向上的气氛，令教育与教学质量出现逐年上升。

1. 校长、制度、文化：学校管理三阶段

"一位好的校长，便是一所好的学校"。在学校管理界中，这种说法曾经极为盛行。但是，仅从现代教育管理的角度上来看，这只是学校发展的初级阶段——我们经常可以看到，因为一位好校长的离开，一所好的学校就此衰败。这种现象的存在证实了一点：学校的可持续发展，需要从一位有能力的校长开始，建设起

一套完整的管理制度、一个拥有良好文化氛围的校园，只有这样，才能使管理由人治走向法制走向自治。

教育部校长培训中心主任陈玉琨曾经指出过学校管理的三个阶段，而这三个阶段，正是我梨园镇中心小学不断努力期望逐渐达成的。

(1) 第一阶段：校长引领发展

在这一阶段中，学校的管理需要依靠校长本人的观念、人格与个人能力。在这一阶段，好的校长的确是好的学校，校长本人所拥有的科学教育观念帮助学校发展进一步确定了正确的发展方向。而校长所具备的人格魅力则使全体师生员工之力得以凝聚，校长本人高超的管理能力使学校运作的效率获得了极大的提升，校长的奉献精神则无时无刻不在感动与鼓舞着学校的师生与员工，而校长本人的价值追求则使学校成员时时都有精神上的引领者。

从这一意义上来说，好的校长就是一面高高扬起的旗帜。在促进学校全面发展的过程中，校长起到了重要的作用。这也正是为什么每一所学校都在期盼着好校长出现，竭尽全力去运用各种方法以求培养出好校长的原因。

不过，从现代管理角度来看，这一阶段所获得的发展并不能持久。因为仅依靠校长个人的精神面貌与付出，很难保证学校可以长期平稳发展。放眼我国中小学管理实践，我们可以发现，在改革开放以来全国范围内出现了很多好的校长，他们在推动我国基础教育发展的过程中发挥了重要的作用。然而，随着他们年龄渐大、不得不退出学校管理的过程中，这些学校的发展大不如前。这不能不说是"校长引领发展"的最大悲哀：看到了成就，却无法巩固成就。

(2) 第二阶段：制度引领发展

在校长不在时，学校管理之所以可以维系下去的原因在于，它已经形成了完善的管理制度与相应的管理机制——这种制度的力量便在于，从人治进一步走向了法治，可以说，这是比第一个阶段更高的一个层次，它远比仅仅依靠校长的个人魅力、管理经验更加有力。可以说，完善的制度的形成是学校可持续发展最坚实的基础，它的存在拥有着特殊而重要的意义。这也正是为什么我们要在美育建设过程中重视起制度建设的原因：只有将美育的内容与制度结合在一起，美育才有可能形成规模化的力量，进而对学校理念的形成发挥重要作用。

依靠制度形成规范化的管理克服了仅依靠个人人格、智慧与能力所固有的缺陷，也能够更好地防止因为个人认识不足、能力低下等原因造成的各种问题。在优秀的校长退离其岗位时，制度也可以在较大程度上，使学校的相对稳定与持续

发展获得较好的保证。

(3) 第三阶段：文化引领发展

在第三阶段，学校管理将会建立在制度的基础上，依赖于文化发展。文化中最重要的是校园的校园精神，即学校教职员工在发展过程中的价值追求，使用文化来影响与引领学校教职员工的行为，远比单纯地依赖于学校的人格魅力、学校的完善制度更加有力。若用哲学的语言来说——在这一阶段，学校的管理由必然进一步发展到了自由。

文化的重要性在于，它尊重了个人的价值实现。所有的群体都是由个体组成的，而每一个个体都有自己的价值观与人生追求。出色的学校文化将会使学校成为教师、学生人生价值实现的重要场所，并让学校在借力于个人发展成功的基础上，获得更快、更好的发展。这也正是学校文化的最大魅力所在。

在这一阶段里，管理已经超越了规范，而其力量则来源于道德与精神上的追求。个人、制度都属于规范的范畴。它所规定的是，个人在集体中应该做什么、不应做什么，它所关心的是个人与集体、个人与个人之间的关系。失去了规范，管理便会变得随意；立足于规范上，管理才会稳定。但只有立足并超越了规范，管理才有可能形成体制上的自由、意志上的稳定。

超越了规范，并不意味着没有了规范，而是在基于个人对规范的充分认可基础上，将规范进一步融化在了自己的血液中，并将规范自觉地在日常行为中进行了贯彻，并以更高的道德与精神追求来要求自己。在这一境界里，个人虽然依然会有无意间的错误，却会在相当长的时间里形成道德上的自我谴责。可以说，在这种"文化式发展"中，集体中的个体总是在高于规范的层次上，对自己的道德操守进行着坚守。

学校的管理发展中，这三个阶段是递进的。我们强调美育过程中制度完善与文化建设的重要性，并不意味着校长可以被漠视。好的校长在制度的完善、文化的形成过程中，都拥有极为重要的意义。在美育环境中，从校长开始优秀，并积极地发挥校长的带头作用，对于美育的实践、学校的发展有着重要的意义。

2. 明确角色，重视校长在制度管理中的作用

既然好的校长对学校是如此重要，我们便需要尽力让自己成为这样的好校长。需要注意的是，在现代意义上，一个好的校长不应仅让自己停留在个人奉献精神、人格魅力与管理能力等方面的提升上，而是应更多地关注于学校制度的完善与学校文化方面的建设。因为教育并非事件，而是有关"人"的建设的问题。

我们需要关注的是人，也就是"造就怎样的校长"。

造就校长成为怎样的个人的关键有两个：个人内在因素与外在环境因素。不过，仅从我个人的实际领导作为对学校层面所产生的影响进行思索，我们可以发现以下事实。

（1）坚定个人的信念

如大多数管理者所认同的那样：一个具体的教育实践想要在学校中生根发芽，最关键的因素在于校长是否支持、坚定此教育实践中的相关主张。所以，在决定实施美育以后，我便已经在美育管理方面大下功夫。同时，结合之前的经验，向美育方面的专业人员进行请教，并形成了相应的美育信念。在这方面，我不得不说，校长的认可对于整个美育理念的认可与基层执行，有着极大的作用。

（2）具有成功的领导特质与领导的关键能力

教育学家林明地曾经对校长个人的人格特质进行过具体的分析，并发现，那些优良的校长通常具有以下的特质：

◆尽职负责、诚恳清廉；

◆以身作则、言行一致、稳重而有担当；

◆尊重并关怀他人。

而另一位教育学家张明辉也发现，学校领导者之所以会领导失败，关键原因之一就是，其个人拥有特定的失败性管理特质：

◆将自己视为学校的主宰者，并命令部属谨遵自己所制定的游戏规则；

◆将自己当成学校的代表，甚至视学校为自家私有财物，公私不分；

◆自恃过高，包容力差，排除异己；

◆不务实，只重视表面工作；

◆安于现况或缅怀过去，缺乏相应的危机意识、创新意识。

身为学校管理者，我们应对这些特质进行自我对照，成功特质应尽力拥有，失败特质则应竭力避免。

（3）学校日常皆校长作为

我们不能空洞地将校长的职责定位为管理。事实上，校长每天在学校中的领导作为，都具有技术功能性与相当的象征性。"校长在学校做什么"、"校长是怎么做这些工作的？"这些都是他人在谈及学校管理时，会思考到的问题。

所谓的技术功能性问题，是指包括向教职员工沟通特定的计划内容、针对于成员的不同见解进行解释等，而象征性的意见，则包括以权威管理事件，对教师

不当行为进行管理等。

既然校长是学校主要行动的推动者，那么，无可否认的是，校长在进行任何一项与学校领导经营相关的决定时，或多或少都会面临内在或外在因素的检验。有意思的是，不管是成功的校长，还是失败的校长，他们每天所做的事情都是大致相同的：主持学校会议、接听相关电话、与上级领导沟通、批阅学校相关文件……但是，在做这些普通的事情时，校长个人的动作、表情与当时情境的差异，往往会使学校领导力产生极大的差异。因此，学校教职员工、家长在解读校长的日常领导动作时，会产生不同的见解，而这些见解也将直接影响到了校长领导力的具体判断。

其实，我们完全可以将学校比喻成一棵树，在栽植这棵树时，需要注意根、主干、枝叶、果实，以及周边土壤的问题。校长需要在平日里、解决问题的过程中，学习怎样去运用相应的技巧，对学校中的人、财、物、事等业务，进行最恰当的管理，以达成在教育过程中，使教育理念深入基层、实现学校管理与教学业务创新的目的。

(4) 校长应扮演的角色

学习型组织之父彼得·圣吉在《第五项修炼》一书中曾经指出过，传统的领导总是扮演"带路者"：给下属提供明确的努力方向，并带领员工一起工作，以求目标更早实现。但是，在当下环境中，这种管理明显过时。因此，领导者应开始扮演新的角色：设计师、教师与仆人。进一步延伸到学校管理中，我们同样可以看到，这种角色的可行性：校长应是学校愿景的设计师、美育理念的教师，全体师生的服务员。

需要校长注意的是，虽然校长是学校教育人员中最具有影响力的人，但是在教育过程中，最重要的教学主体是教师与学生。因此，校长在学校中所扮演的角色并非主要演出者，而应是重要的幕后工作者：导演与代理人，以及重要的沟通协调者。

综合以上观点，我们也可以进一步总结出美育中的校长的职责角色：

◆行政管理者

◆美育教学的领导者

◆美育活动改革的推动者

◆美育过程中的冲突协调者

◆教师服务与支持者

◆美育发展方向研究者

◆公共关系沟通者

而在这些职责中，最重要的是"美育发展方向的研究者"——若将学校比作大船的话，校长便是学校的船长兼舵手：领航是否得法，攸关办学成败；而校长的良窳，更是影响学校行政效能和教学质量。

立足于"领航者"的定位，再回顾美育的实施重点，我将校长的主要努力方向定位在以下范围内：

◆系统的协调者

校长除了要与管理班子针对学校内务进行管理以外，还应在学校系统与社会环境间建立良好的互动关系，并负责起对不同关系团体进行协调的工作，以获得学校组织的最大利益。

◆学校前景设计者

校长应拥有与时俱进前瞻眼光，对师资进行适度的调整与设计，并与教师共同参与到学校课程与教学设计过程中。

◆人性化的领导者

传统型校长更侧重于管理者，每天忙于对例行事物的管理、协调与监控，而无暇与教师、家长进行较好的沟通与互动。而在美育过程中，校长则必须要以"求美"为前提，激励与鼓励部属，以求营造起以"尚美"为基调、以"创美"为核心的学校氛围。

◆教学的引领者

美育以提升师生审美能力为目标。校长应发挥"首席教师"的专业智能，以自己对美育的理解，积极地参与到教学工作中去，协助教师的专业成长，以求教学工作能够更有效地进行。

学校教育向着美育方向的不断调整与靠近，使学校教育改革变得快速而殷切。因此，校长也应从过往僵化而保守的工作特色中走出来，并不断地朝着自主开发的方向努力。过往那种由校长一人独掌的管理方式，也应向"校长主导、全体共同成长"的经营方式靠近。因此，如何将校长独断式管理向人性化管理趋近，是校长转化角色、建置新领导能力的最重要课题。

3. 个人特质与美育实践之间的相互作用

担任梨园镇中心小学校长职务以来，我曾经对自己的管理特色进行过总结，并在听从他人意见的情况下，发现了自我特质所具备的优势与因此特质而形成的

美育管理优势与典型的劣势。

（1）个人特质

说来可笑，因我典型的个人特质，曾有一些教师向我进言：杨校长，其实有时候您：

◆对人、事、物有明显的"洁癖"

好恶分明是我最大的典型特征，管理过程中，很多老师也曾经看到我这一点：我曾经因为一位老师体罚学生而在教师大会上对他大加斥责，而这样的场景在管理中其实常见。

◆行动力强

在学校事物上，我乐于亲力亲为。举例来说，我非常重视美育在学校环境中的融入，所以经常利用教师会议对全体教师反复强调、强化，我甚至曾经针对如何进行教室内部环境设计提出过自己的建议。在通州区校长报告会上，我也曾经谈到过自己的这种特点："我想要做的事情，就是要去做。"

◆不愿妥协

实施美育的过程中，我们遇到了不少的困难。与社会单位的沟通与协调、与上级领导单位的具体的沟通，甚至是与学校内部员工的分歧。这些事情大多有一定的困难度，甚至有一些争议，可是，我相信一种新的理念想要在学校中实践，便必然会经历种种的挫折，因此，我并不会为这些争执、争议产生困惑，更不会因此而退缩。事实证明，这种不妥协，对我们的美育实践的确有着巨大的帮助。

这些在召开会议、倡导美育，与公布相关事宜时所体现出来的个人特质，使得学校的工作得以顺利开展。

（2）个人作为与具体影响

在基于上述特质的基础上，我在学校中也形成了一定的自己的工作作风。概括下来，有以下几点：

◆在美育相关的实践校务上，我会积极地投入，不管是教学领导还是行政领导上，我都会竭尽所能；

◆我会向教师们提供一些优秀的案例，供教师们进行参考；

◆赏罚分明：在发现哪个教师有值得表扬、赞赏的地方，我会毫不吝啬；但同样的，在有老师出现了错误时，我也会毫不犹豫地进行批评。

◆我对"教师"这一工作有着自己的理解："既然已经走上了教师岗位，便应担负起教育孩子的责任。"身为校长，我坚持在理解学校老师的基础上，进行

铁律管理：权威与温情并重，才能让美育深入工作中，否则，校长之威权将不复存在。

◆在工作规划中提出明确要求。为了避免单纯的语言号召与命令无法达到相应的效果，我会将自己的主张具体地写成手稿。这样，会避免误解，同时也使下属更容易执行。

当然，这样的管理模式所造就的，不仅仅有积极的效果，还有反作用。比如，在拿出具体的优秀例子上，很多老师都会感受到压力。有青年老师便曾经向我提出过意见："杨校长，我们这些青年教师和学校的中坚力量相比，明显存在不足，所以，在美育的学习与实践上，也有相当的难度。"而这种提示，也使我意识到，自己的管理方法并非十全十美。

①心有定见，不易改变

每一次召开美育相关的会议时，我都会预先对该场会议有可能出现的情况进行方案与想法的准备。一方面，作为备案使用，一方面，可以衡量教师意见之基准。但是，有时候，因为对自己的方法过于相信，我会局限于自己的想法，而无法听进去他人的意见——这样一来，原本是为了集思广益而召开的会议，反而成了我一个人的"意见发布会"。

②与下属疏离感明显

美育管理制度建设成功的一大原则在于，询问组织成员的意见，并不断地让他们参与到解决方案中去。在追求美育积极效果的情况下，每个人都应该是平等的。但在这一点上，我明显存在不足：虽然其他教师可以看到我的认知与积极，但是时不时发生的强势行为使教师们对发表意见有些忌惮。如何减少教师间疏离感，是下一步努力的具体方向。

③提供榜样的做法使团队自发性不足

有学者认为，教学的动力应源自于教师本身，而非行政规划，过多的行政指令，只会让教师不再思考教学创意与创新的可能性。在目前，因为学校美育初见成效，急切想要巩固成果的想法一直在我心里不断地盘绕，而这些给出榜样的做法，也正是为了这一目的。显然，长此以往，创新不足也将造成美育持续发展的危机。

④对教师要求的严格，造成教师压力增加

我在教师一职上始终强调"教师应担当的责任"。但是，在教学过程中，因为美育实践沟通不畅与家长发生矛盾，因为学识不足而在教学方面改革不够深入

这样的教师都难免会对此要求产生无法负担的想法。如何在美育效果更优良的基础上，缓解教师压力，是下一步管理制度需要解决的问题。

（3）校长管理能力的全面提升

作为一名力图实践新美育的学校校长，若想要使美育行为深入教育一线，实现美育的既定目标，不仅需要个人拥有一点点的权力，更重要的是，需要校长有实施权力、保证权力的威信。

威信其实可以被称为是"无言的号召、无声的命令"。只不过，校长的威信越高，与师生的心理距离便会越短，自身的号召力、影响力也将越强，只有这样，才能够使学校师生的积极性得到有效的调动。在几年的校长岗位经历中，我个人认为，校长应从以下方面开始，树立起自我威信，全面提升自我管理能力。这种能力上的提升，不仅包括我们在之前提到的成功特质，而且需要着重于"以德立威"上。

◆立威需捧着一颗心来，不带半根草去

对于普通人来说，德是做人之本；对于管理者而言，德是为政之本。只有德高，方能望重，只有厚德，才可载物。我曾经分别在三所小学中任不同职务，接触了不同类型教师，并通过与这些老师的交流得知，他们对校长最无法容忍的问题，就是品德不端。品不端则名不正，名不正则威不立。

校长最好的立威方式固然是对学校尽心尽力，但这种尽心并不是将学校当成自己的私人财物，而是应如著名教育家陶行知所说的那样："捧着一颗心来，不带半根草去"。这便对校长提出了新的要求：不仅要克己奉公、勤政廉洁，更要关心、爱护学校师生，并在这种尊重与自我立威的过程中，培养起个人的道德情操。

◆以绩示人，用自己的成就证实能力

真正出色的校长需要做事、做实事、做成实事，才能真正地树立起自己的威信权。身为校长，我们必须要先正视自己的两种身份：管理者与普通教师。前者是作为校长而树立起来的工作目标，后者则是为了成为"教师的教师"。只有真正有能力的人，才能创造出自己的威信，也只有让教师们看到，在校长的率领下，他们的职业幸福度将会持续上升，他们才会信任校长。

自2008年以来，我一直在不断地积极地参与各种研修，并要求教师们积极参与各种能力培养班。作为校长，学习方面自应身先士卒，我在网上分别发表过多达百篇针对美育进行畅谈的论文、体会。虽然这些论文有一定的不足，但也证实

了自己的确是在积极地学习，从而带动了基层教师们对美育学习的积极性。

◆ 参与专业培训，提升自我管理能力

作为小学校长，想要实践一种新的教育理念，本人便应具备较为广博的知识与卓越的领导能力。在实践美育时，又需要提升个人在美育方面的见识。只有在三者齐头并进的基础上，工作才会得心应手，才有可能使管理效率大幅度提升。

2009年10月份、11月份，我参与了北京教育学院2009级小学校长高级研修班二班一行二十余人到南国深圳、海南进行的教育实地考察，当时，学校"寓美育人"美育理念已经确定下来，而我所需要做的，就是从他人的成功中汲取经验，并融合到自我办学中去。

我与其他同行者先后参观考察了包括深圳华富小学、海南省海口市的英才小学在内的多所优秀小学，这些学校皆在办学方面拥有出色的经验。通过参观校园、听校长汇报以及与学校相关人员交流，受益匪浅，感触很多，从学校校园文化、教师队伍、办学思想建设等方面学到了很多值得借鉴的经验，为下一步更好地担任起校长一职拓展了视野、开阔了思路。

在这一次考察期间，我们还参与了北京教育学院校长研修学院与英国大使馆文化教育处联合举办的"中英联合校长领导能力培训班"，并与英国来的三位资深学校校长围绕"学校自我评估"、"学校改进与规划"、"团队和个体发展"、"协同工作"等方面进行了交流，收获颇丰。

这次活动中，我们不仅得以与国内同行进行相互的交流，同时我还得以针对"新美育入校园"这一主题，与其他校长展开研讨。而他们的宝贵建议使我在下一步的工作中得以规避了很多有可能出现的问题。

这只是我担任校长一职以后参与的一个较为典型的研修活动，而在其他时间里，我也会通过网络向其他学校的出色管理者进行经验上的讨教。并通过专业的、系统化的知识经验学习，进行深入的自修，不断地提升自己的管理能力与教育能力。这种理念上的提升、能力上的出色，使得我在学校管理的过程中能够更好地处理问题，并获得教职员工的支持。

校长在创造新的意义与秩序的同时，担任着两个不同的角色：我们既是下一个变迁者，又是现况的维持者。因此，如何在过往与未来、松与紧、传统与创新、制度与人性之间寻找到平衡点，是一名校长能否成为优秀领导者的关键。而这种平衡的关键需要从具体制度的规划与建设过程中获得。

三、体制健全，新美育过程才能与目标靠近

无规矩不成方圆，规矩不仅是学校日常管理工作中应重点遵守、约束全体成员的内容，同时也是学校美育秩序得以形成、美育成果能够得到保障的重要前提。在促进美育发展、完善美育管理过程中，我们树立起了完善的制度，这种管理制度重在细节，体现柔性与美，以求可以更科学地进行管理。

1.三四五，强调出学校美育制度建设中的要点

一所学校开设相关的美育课程并不难，难的是将美育上升到成为办学特色，从而使单项的点上升为整个办学特色的整个面。我们梨园镇中心小学以美育为基点，立足于以下内容，完成了由制度向"寓美育人"全面努力的过程。

(1) 三个立美途径，从侧重知识传递到各科均衡发展

为了改变旧有教育格式中的"只重知识，不重素质"的现象，学校由艺术课程立美、德育立美、课程立美三个途径入手，进行整体的推进。以年级为单位，同步开展"尚美、求美"的教育活动，并制定出了相关的培养学生要求，以求从语数外、到音体美，全面整体推进美育活动的展开。

同时学校还以课程改革为平台，着眼于每一个学生的潜能开发与个性发展，在教学过程中，力求让教师将审美精神与科学求知结合在一起，将审美知识与相关的学科内容结合在一起。在基础的课程中强化审美教育，使基础课程中的美育因素大大增加；在艺术课程的教授中，力求让孩子们汲取到更多的审美内容，以求从技能学习向审美能力提升进行转变。

(2) 四个坚持，打造美育教育思路

四个坚持的主要内容包括：

◆ 坚持传承优良传统，发展学校美育特色

几年以来，学校坚持走美育特色办学之路，通过具体的规划实践使美育得到了深化，实施文化氛围建设创造"美"，坚持在课堂渗透研究"美"，通过教育教学提升"美"，开展欣赏型德育内化"美"。这一系列的内容，使美育在梨园镇中心小学得到了传承与发展，同时也使美成为了梨园师生的共同追求。

◆ 坚持特色发展与整体推理相结合

学校坚持以《寓美育人教育体系建设的实践与研究》课题为引领，坚持将美育融合在学校德育、体育与智育中，并在文化、管理等多个方面融合了美，使学校的美育特色内涵发展得到了整体性的推进。学校美育着眼于全体师生的审美素

质与综合素质的培养，倡导审美、做人与求学的完全统一，实现了以美促德、以美启智、以美健体的整体效果，使学校获得了全面的发展。

◆坚持软硬环境建设相结合，营造精神家园

学校将创造美的环境与美的制度的建设作为学校环境建设的工作重点。在几年的努力中，学校校风奋进而和谐，学风、教风积极向上、宽松而和谐。整体呈现出精神之美的学校文化得以深入到每一个成员的内心中，使学校成为了师生共同获得全面成长的精神家园。

◆坚持全面发展与特长培养相结合，健全课程基础

学校立足于"以人为本"的发展点，力求让每一个孩子在学校中都能够得到重视，并为了使孩子能够获得全面发展与个体特长发展的机会，进一步健全了课程体系，使每一个孩子都有兴趣可学、都能找到自己可提升的方方面面。

(3) 打造五美，进一步架设起美育成功阶梯

打造五美活动是学校"以美育人，和谐发展"办学特色的具体化。从2008年开始，经过长达四年的实践与探索，学校形成了一套具体的五美评价指标，学校师生形成了学校特有的"寓美育人"文化价值认同。

五美具体包括了："美丽教室"、"美好学生"、"美好教师"、"美丽校园"、"美丽班级"，通过评选"美丽教室"与"美丽班级"，进一步打造起了"美丽校园"，并营造起了尚美的集体文化氛围。在美育硬环境建设的过程中，通过"美好学生"、"美好教师"的评比活动，引导孩子们欣赏美、理解美、实践美与认可美，从而使美育软环境建设得以落实。

"美丽教师"是我们为了将美育进一步实现可持续发展而开展的基础性工程。我们期望通过美丽教师的评比活动，使每一位教师都能够成为合格的美育工作者，人人都能够成为美的使者与化身。如今，学校已有超过2/3的教师可以独力开设美育相关课程，有超过1/2的教师能够将美育与自己所教课程进行良好的结合。我们的目标是，将每一位教师都培养成美育工作中的出色者。

在这种美育学科渗透的过程中，教师自觉地将美育观念与个人教学融合在了一起，在坚持"美的课堂"的主渠道中，力求有所作为。每一个教研室，都根据自己的科目立项开展了相关的美育研究，以求从"知虚"发展到"务实"，从"基础理论思考"进一步发展到"行动探索"，从"局部的渗透"发展到"全面齐头并进"，开展了内容丰富、形式多样的学科求美建设的研究与实践。

2.两个团队，四个三，实现管理制度正规化

为了进一步使美育的效果得到保证，我们采用了"年级主任负责制"，将学校现有的管理者分为两个部分：

（1）两个团队，让美育效果得到保证

学校的中层管理团队具体分为了两个：

①年级主任团队

年级主任是学校中号召力、执行力与行动力皆极强的老师，他们的作用是，凝聚人心，进一步强化合力，带领不同年级的教师更具特色化地对学校美育工作进行统筹、规划与实施。

②学科主任团队

学科主任是学校中最善于思考、最具有教育智慧的成员，他们的作用是，通过积极的谋划与监督，使学校的美育计划清晰而明显地规划出来，并负责学科美育内容的计划、指导与评价。

这两个团队在学校美育理念的引领下，共同对校长、对学校学年计划、对学校工作计划负责。每一位教师干部都独当一面，同时又要与他人精诚合作，为学校的美育发展贡献自己的力量。两个团队相互监督的同时又相互合作，每年年底，我们都会通过相互间的评价，促进对方对工作问题的整改，使管理质量与教学质量同步进行。

这种管理方式使管理的效率大大增加：在很多时候，我们会为了追求更高的管理效率而失去了管理的密度，或者忽略了管理的密度，这也是管理工作的最大障碍。而这两个团队相互协作的方式，不仅强调了管理的密度，使学科与学科间的联系相对独立又相互联系；同时也使管理得以从一年级到六年级共同发展，同步前行。

学科主任团队的存在，也使学校科目美育活动得以全面进行。在传统的教育观念中，语、数、英三科是学习的主科目，其他的所谓"副科"得不到重视。但事实上，美育过程中，很多的审美材料就是来自于这些"副科"，一旦忽视，教育资源合力便会被破坏——这种管理模式明显使管理的力度大大增强，而且，学科与学科之间相互融合的现象也得以进一步加强。

值得一提的是，不管学校管理团队细分为几个部分，但从管理学的根本来看，每一个人都是学校管理者，在很多时候，我们都更期望所有人都可以实现自我管理，以达到更好的管理效果。比如，在联合教育资源、整合美育内容以后，我校给教师们规定了一个基本的要求：不要等待教研组或者教导处的管理者来一

个个地查，因为一旦这样做，美育这种教育活动的探索之美便会被破坏。我们更期望的是，通过两个团队的管理，来使那些始终优秀的教学实例与教案被发现，以为大家提供更多的学习范例。而这种范例的存在，正是我们所期望的"美育高级管理模式"。

(2) 四个三，实现制度精细化

在"两个团队"的管理模式基本框架构建完成后，下一步的目标就是建立起一个长效的管理机制。

◆ "两个三"目标

针对美育工作的执行我们提出了"三不松三不紧"目标：

①开学不松，期末不紧

在开学之初，学生入校时，不忙不乱，保持往年常规美育方式不走样；期末学习不骤紧，不让美育因为考试的出现而被忽视，而在放假总结中，也要将美育纳入总结范围内，真正地实现期末不紧张。

②早晨上学时不松，下午放学时不紧

早上入校以后，学生与教师以最快的时间进入学习与工作状态；在放学时间，全体师生集体离校，尽量减少让学生留堂、教师加班加点的现象，以实现"美的工作"。

③一年级不松，六年级不紧

一年级学生刚刚入学，有时候教师会认为一年级学生不需要学习太多东西，但我们要求，针对一年级也应有具体的教学目标，做到不敷衍、不肤浅，真正地实现扎实有效。

在六年级，因为学生要面临了小升初，往往会造成紧张的压力。在这种情况下，学校教学应实现高效率，不集中恶补的情况下，不放弃美育。

这"两个三"在梨园镇中心小学得到了有效的落实，整个教育过程中目标明确且层次清楚，循序渐进的情况下，使美育教育教学得到了有效的提高。这种提高与富有成效，则依赖于三个例会、三个制度的建成。

◆三个例会：学科主任例会、年级主任例会、全校教师例会

例会的作用在于及时发现问题，使学校思想得以集中在美育上，同时，又可起到矫正计划、进一步把握方向的作用。在三个例会上，我们还得以将学校"寓美育人"的办学理念与具体的办学方针进行反复的强化与适度的解读。

在例会上，身为校长的我得以与不同的位置的教师进行多方面的交流，而这

样的交流想要成功，不仅需要及时把握现状，同时还需要敏锐地从现状中发现问题，有的放矢。同时，解决问题也需要换位思考，使每一位管理者都理解教师的苦衷与当下的心态。

通过这样的沟通，我们得以凝聚人心，个人的进取意识、团队的积极向上精神得以形成，个体在集体中看到了希望，同时也寻找到了前进的动力。

在这样的例会中，校长的发言显然是必要的，而以上目的提出，又意味着校长需要不断地提升个人的思想水平与能力、素质。在每一次参与例会时，我都会进行精心的准备，平日里，我则会深入基层，去发觉教师们未能反映、不愿意反映的问题。而这些发现往往能够使学校例会的目的更加明确。

◆ 三个制度：日巡查制度、周运行报告制度、学年目标制度。

a. 日巡查制度

每日巡查的制度作用主要体现在三个方面：

①用制度化的方法将职称联系在一起，把副校长、各个部门主任的督导职责进一步落实到了日复一日的日常工作中，使学校细节管理扎实到了实处。在过去常见的放学不关门窗、灯长亮、饮水机打开、洗手间漏水等多个小问题被杜绝，真正地实现了管理之细微。

②每天早上7：10~8：10，中午11：30~2：00，下午4：30~6：00的检查，使学生教育与学校管理中的空档时间得到了更有效的加强，使学校的安全稳定获得了进一步的确保，使整个美育在每一个时间、每一个地点都能够持续进行，孩子们的向美之心在小学期间能够真正地养成。

③校长对检查表进行亲自的设计，而且每天必会收看检查表，各督导组则会每日为各个年级打分，使整个日巡查制度得以扎实而有效，使督导人员的责任心与公心得以确保。

④每周都有专门人员对检查表进行当周的检查表进行集中的整理，及时将表中出现的问题反馈给年级主任，进一步激发起了年级主任的上进心与责任心。他们对年级问题的及时查缺补漏，使学校的整体管理水平得以从真正意义上获得了提高。

日巡查的关键在于，天天巡查，每天如此，便会形成习惯，绝大多数有可能出现的美育问题便不会再成为"漏网之鱼"。而这种习惯的养成还将有另一种习惯：大家不再为这种巡查的出现感觉到压力，而是会认为本该如此——美的习惯就此得以养成。而在巡查、反馈的过程中，督导者使用的美的、人文化的语言，

也使教师们得以在表扬中进取、在提示中有错就改。

b.周运行报告制

如果说日巡查是通过把握每日管理空档时间确保学校各项常规工作得以有效落实的话，周运行报告制则是校长针对八小时工作制内的各部门主任职责精心设计的每周末上报的表格。在这张表格中，记录了美育教育常规进行情况、美育相关教研活动、社团辅导、相关课改情况的实施……我就是这样，通过这一张张的表格，及时来把握学校的基层教学情况，了解各学科主任的职责落实情况。

作为各年级工作过程的具体评价资料，日巡查表的真实性、权威性不管是对于年级主任还是学科主任，本身就有极大的价值，对每一个人的工作都拥有非常重要的促进作用。每周如此，校长便不需要再花费太多的时间，更真切地了解学校的整体情况。这样，对于各个部门的工作，进行比较分析，提出校长的建设性意见，从而对学校大的决策做到了心中有数。

c. 学年目标制度

学年目标制度则是我在美育实施过程中摸索出来的一种现代管理方法，它指的是在每学年开始时，对工作项目进行高效的计划、组织与具体的指导、控制，以求实现目标全过程的动态管理与项目目标的综合性协调与优化。

在梨园镇中心小学，这一理念被运用到了极致。每一学年开始时，学校相关工作负责人便会从项目策划、项目执行、项目控制三个方面进行细致的规划，项目管理中的任务分配、时间节点、工作进度、困难预设等，有着严格的要求。原来学年目标中的粗着眼没有了，取而代之的是细致化的设计。原来在目标中喊出的各种口号，现在都需要落实到每一个人——空话、套话不见了，落实、做好成为了工作特色。

这种制度不仅使个体教师的工作方式发生了变化，就连群体的思维方式也出现了变化。在2009年以后，学校美育课程进一步完美完善，学校大型活动日渐增多，但是，因为项目策划制度的具体实施，围绕同一个目标，全校联动，人力资源获得了最大的优化，潜能获得了最大程度上的释放。各个学科中心目标明确、设计周密；每一个年级都规范落实，进行美育的特色实施。再加上"两个团队"的配合，每个人都各司其职，从而使各项活动的顺利进行得以保障，学校"寓美育人"的办学理念得到了真正的、实际的落实。

如果说，"两个团队"、"四个三"制度的建立之初，强调的是完成美育教学计划，加强团队的执行力，以求各个年级能够在力所能及的范围内做到最好。

到目前为止，此模式已经顺利地实施了几年，以学校中层干部团队组成的中坚力量已经对美育模式的动作、美育管理的规则了然于胸，个人的管理潜能、美育潜能得到了充分的发挥，创新积极性也被极大地激发了出来。特别是在2011年"1+X+Y单元主题教学"的教学改革提出以后，我发现，因为每年、每周与每日的美育课程规划已形成了体系，学校具体的工作计划已经无需赘述，而是只需要将课程规划中需要改进与完善的地方指出来。这样做的好处就在于：不管校长这个总管理者在不在，学校的各项工作都可以朝着既定的目标健康、创新与稳定地发展。

"两个团队"、"四个三"双制度的存在，使我这位校长真正地从学校杂事的管理中解脱出来，得以放眼于全局，对美育的下一步发展进行深入的探索。同时，学校的美育特色发展也得以走向稳健。在循序渐进中，有效时间内的美育效率得到了提升。美育过程中养成的习惯，使我们能够脚踏实地、富有成效，同时也使我们的学校工作远离了功利，使教师能够潜心教学，学生获得了实质性的发展。

第六章 新美育实施者的积极性引导

新美育所带来的改变不仅仅是学校理念的进一步明确、学校管理方式的传承与创新，同时还体现在对教师行走状态、对家长教育理念的改变。在这两个教育实施主体的教育过程中，我们采用了不同的方式来渗透美育相关理念，以求在所有与教育相关的主要人员内心深处，都能够树立起"用美改变个人"的教育想法。

一、"由专至美"共同体：打造教师审美能力成长生态环境

苏霍姆林斯基曾向一位向他讨教管理之道的校长这样说管理的奥秘："若你期望教师的劳动可以为教师带来一些乐趣，使天天上课不至于变成一种简单乏味的义务，那么，你便应该引导每一位教师走上从事一些研究这条幸福的道路上来。"最好的学校绝非设施一流的学校，而是教师一流的学校。那些我们将之称之为"灵魂工程师"的教师学养如何、魅力几分，可以在何时何地、以何种方式与孩子们在美育的道路上相遇，是真正为个人与社会之美埋下的最大伏笔。

我曾经在北京参加过一个教育沙龙。在该沙龙上，有位教育资深人士提到过这样一个发人深省的观点：如今，教师问题应该被摆到台面上好好讨论一下了。我对这种观点极为认同：随着当下国家与各级政府不断地加大教育投入，大多数学校的硬件建设、教学实施与教学条件都获得了极大的改善。但我们需要认清的是：教育品质是高还是低，最终取决于站在讲台上的教师素质如何。教育的这种特点在小学美育中表现得更加突出。所以，在新美育中，加大和重视教师队伍的建设力度是重中之重。

1. 由螃蟹劣文化解读"教师共同体"

我们可以在自己的大脑中进行一次简单的实验：两位专业水平与综合素养相差无几的大学生在毕业以后分别进入了不同发展水平的学校。其中，A所进入的学校是远近闻名的"国内重点实验小学"，而B所进入的则是一所默默无闻的普通学校。在五年以后，再将A、B两人拿来相比我们便会发现，他们的差异是非

常明显的：A在教育职业上拥有了更多、更专业的见解。原因很简单：重点学校往往拥有普通学校无法企及的各类教育资源。

这一设想所得出的结论是非常可靠的，但是，也有例外的事件发生，这一例外事件便是我们在学校之外所提出的"教师共同体"的存在。

从广义上来说，"教师共同体"可以单纯地理解成教师的归属群体，既我们习惯上称为的"单位"。可以说，在每一位教师正式入职某个学校时，他便已经加入了自己的共同体。学校是个体教师专业发展的重要场所，不同的学校环境也将对教师的专业发展形成极大的不同。

另一方面，教师也可以根据自己的爱好、意愿，按某种特定的组合组织在一起，构成非正式或正式的"成长群体"，按学科组织在一起的"学科成长小组"便是此类成长群体的代表。若学校本身有积极的意愿对这种共同体进行积极的营造的话，那么，它们对于教师的专业发展将会更有意义。

(1) 从螃蟹群体中看教师共同体的必要性

如果你曾经观察过一群螃蟹的话，你便很容易发现在这种群体中长久存在的劣文化。若将一堆螃蟹放在桶里，便没有一只螃蟹能爬出去：只要有一只螃蟹想要爬出去，其他的螃蟹就会纷纷攀附在它的身上，结果是，那只尽力往上爬的螃蟹终将被拉下来。这种劣文化在教师专业成长中也时有发生。

当前，梨园镇中心小学的教师队伍已经基本上达到了专业合格与学历达标，教师的教育水平也获得了明显的提高。但是，在一些年级组、学科组中，也存在着这种类似于螃蟹的劣文化现象。比如，集体备课沦为有名无实的备课组组长独角戏，公开课只听课、不评课，教师论文随便敷衍等现象。这些"合而不作、作而不深、深而不透、透而不实"的做法，就是我们基层教育者最应该摒弃的劣文化。

而另一方面，很多教师只知道上课，只知道向孩子们灌输知识，却从来不对自己的教学过程中所出现的相关问题进行反思与研究，仅仅是为了教书而教书；参与教研活动，也并非为了改进教学质量，更非为了个人专业水平的提升，而是为了评职称、拿奖励而研究，这种单纯为名利而进行教研活动，其结果可想而知。

在美育实践过程中，这些劣文化现象的存在显然对"寓美育人"的办学理念相背离，若是听而任之的话，学校美育文化氛围便无从建立。想要避免这种窘境的出现，我们便必须要重视起"教师共同体"的成长，以求获得教师群体的专业

性发展。

(2) 教师共同体的主要特点

概念而言，一个出色的"教师共同体"具有以下特点。

◆ 明确的价值观与愿景

我们可以清晰地看到，那些拥有明确而共享化的价值观、愿景的集团往往更容易成功。而出色的"教师共同体"也同样拥有这样的特点。它与社会团队最大的不同在于：教师共同体的愿景或目标始终聚焦于通过个人的成长来促进学生的学习上。若是教师本人过于在共同体中强调单打独斗而不善于与其他同事展开合作活动的话，那么，他的教学效益便会出现较大的折扣。

◆ 成员拥有强烈的集体责任感

共同体中的所有成员都对学生的成长、学习负有高度的责任感，这种责任感不仅有助于共同体做出支持与承诺，同时还会使那些不愿意与他人展开合作、分享经验，仅满足于个人独自成长或者根本不愿意提升自我的同事形成压力，使他们产生"我也应融入集体、积极成长"的责任。

◆ 成员间进行反思的专业探究

在教师共同体中，反思性的专业探索与讨论经常会展开：

①就新知识、新教育理念的运用与深入实践过程中出现的教育问题进行反思性对话与深入的探讨；

②通过成员间相互研究、共同规划与发展相关课程的方式，对教师的教学行为进行新的探索；

③通过教师间的积极互动，使缄默的知识与教学经验进一步转化成可以供共同体成员共享的知识；

④使用新的问题解决思想与信息，来解决教学过程中学生出现的新需要。

这些专业性的探究目的还有很多，而其最终期望达成的结果也是：为孩子们通往更好的成长建设起的新的桥梁。

◆ 成员间展开积极的合作

由多数教师集体参与的专业性发展活动，其效果要远比个人进行的专业发展行为要好很多，因为在教育中，合作之力往往会带来积极的效应，而这种效应的力量远远超过帮助、支持与协助一类的层面性交换。在一个积极向上的共同体中，个体之间的差异与不同非但不会被排斥，而且成员会将这种因见解不同而产生的争执、分歧都将被视作思想碰撞有可能出现的灵感火花。

◆ 成员间相互的促进与提高

在专业教师共同体中，每一位教师都是学习者，每一个人都被浸润在丰富的学习机会中，个人与集体都在持续进行着持久性的自我更新，学习以合作的方式，而非孤立的方式进行。通过互动、对信息与数据的对话与深思熟虑，学校、共同体中的每一个成员，都得以获得学习上的全面提升。

（3）共同体成长有多种策略可供借鉴

在学校中建立起教师共同体成长的途径有很多，策略也相应非常丰富。

◆ 开放与联合式

通过教师开放与学校间的联合、学科间的联合，使共同体成长不再局限于单一的科目组、年级组甚至是学校，而是形成开放的、联合式的共同体成长。这种以开放为特点的教师共同体成长往往会派生出多个相关的好处：它使教师走出了专业成长中有可能遇到的封闭小圈子，教师也将因为看到了更多的教育风景而不再为小圈子中的利益纷争而焦虑与郁闷，也因此而获得了多样化的、广阔而丰富的专业性资源。

◆ 自愿与自由

教师之所以愿意加入这些共同体，并非出于他们期望有人约束自我的愿望，而是因为通过在共同体中的学习，可以给自己带来快乐、提升职业幸福感。因此，教师共同体应保持自愿组合、出入自由的原则。教师们可以因为期望个人成长而自由地加入这些共同体，也可以因为个人事宜或者因共同体不适合自己而退出。虽然加入这些共同体以后，教师个人有可能会需要通过守护一些游戏规则来维护共同体的存在，但这种游戏规则绝不会因为"团队精神"为理由，强迫个体做一些他们并不乐意去做的事情。

◆ 尊重专业与精英

虽然这种共同体并不是严密如学校管理机构一般的严密组织，但是它的成长依然需要有专业力量的引导，而这种专业的引导者最好从教师群体中产生，担任此类角色的最佳人选是那些在教育第一线出现的"教育精英"。因为教师共同体想要获得专业方面的长足发展，不仅要摒弃非专业力量的专制与霸权，同时也要维护自由精神。缺乏了必要的专业力量的引领、教育英雄的存在，教师共同体便会逐渐地沦为普通的组织，而"为了学生而成长"的主题也将被泯灭。

所有的优秀学校都已经把教师队伍建设当成了首要任务来抓，虽然方法策略不一，但大家都有一个共识：教师的专业发展是学校发展的基础和前提。

在参与校长研修班时，我曾经聆听过其他学校的教师培养方式。

深圳华富小学培养教师的经验主要有四点：

师资培训个性化，建设学习型组织；

以教育科研为抓手，为教师搭建发展平台；

专题化的教学研究，确保教师专业化发展；

努力推介教师，培养研究型的教师队伍。

深圳西乡中心小学的张云鹰校长在培养教师方面应该说是个专家，她的"教师职业生涯规划与专业发展"的讲座，让我们领略了专业校长的风采，她的教师专业发展路径是：

搭建三格层次：新教师入格培养、青年教师升格培养、骨干教师风格培养；

铺设三环道路：历练教学基本功、锤炼教学策略、提炼教学思想；

架构三维空间：学习、实践、展示空间；

培养四种能力：理解教材的能力、教学设计的能力、课堂操作的能力、教学评价的能力。

上述两所学校虽然采取的方式不同，但其根本原理与"教师共同体"是相通、相互作用的。

基于教师共同体能够带来的种种好处，身为学校管理者，我们便应该积极地为共同体的存在、成长与壮大提供资源方面的保证。

2. 立足课改，强化共同体建设的必要性

自国家提出"为了每位学生的发展"的新课程改革核心理念以后，的确给不少教师带来了巨大的冲击。特别是在语文、数学这两门基础课程上。在针对课改展开的相关会议上，我校教师普遍反应压力巨大，新教材与旧教材的要求、内容完全不同所带来的冲击，也对教师的教学能力带来了新的挑战。

◆ 帮助解决课改中的共同性问题

在针对数学组进行调查时，教师们普遍反映，在新教材中，内容体系出现了较大的调整，很多高年级的内容都提前到了低年级，例如：图形与几何这一部分，原本是四、五年级教学的"认识长方体、正方体"的内容提前到了一年级。但同时，教材还提出了新的要求：将学习的深度与学习的难度降低。面对这样的结构性调整，教师往往无法把握教学重点与重点。

面对课改所带来的压力，教师应如何去应对压力、解决问题？很自然的，教师共同体的存在便会成为他们的首要选择，因为这种问题并非个体教师在教学过

程中遇到的问题，而是整个教师共同体都会面对的相似的问题与压力，教师也往往会因此有了能够互动与交流的平台。

所以，以教师共同体的方式来形成新教育方法的探讨，要比个人单打独斗要好出太多了。而这种能够发挥集体智慧与力量的做法，是共同体所带来的最大好处。

◆ 解决美育融入课改时所遭遇的种种难题

在新课改的基础上，想要将美育融入进去，需要面对的问题很多。虽然新教材配套有相应的学科培训，但是，新教材的教师在美育过程中，教学的目标会出现一定的变动，而这种变动又没有教育参考书可供参考，所以，在教材的把握上，势必会涉及度的问题。

因此，在某种程度上来说，美育与课改中的资源不足、参考内容不足都会使教师走到一起去共同面对、共同解决问题。在共同解决问题的过程中，教师之间针对美育的交流机会也会增多，有关美育资源、美育间学科融合、信息、知识与经验的分享也将会更多。从这一意义上来说，共同体的存在，对于美育的实施、课程改革的更好实施都有积极的帮助。

其实，共同体的这种好处并非只有在新课改的背景下才得以上展示，早在教育部进行"新课程实施与实施过程评价"的课题展开过程中，就曾经针对全国课程改革内容展开过一项调查，在这种课程改革中建立起教师共同体，促进了教师合作文化进一步发展的契机，使得教师在参与课改的积极性、在课程中引入审美因素的积极性明显增高，使美育、课改新问题、新困难得以更好更快地解决。

因此，在梨园镇中心小学里，管理层都会透过非正式的教师间交流，或者正式的教研组活动等方式，不断地引导老师们交流彼此在实施新课程中遇到的一些问题，即便是如何让孩子们在写字时保持正确的姿势、如何提升默写效率这一些非常简单的问题，都可以促进老师中的协作分享氛围的形成，再加上年级主任、学科主任两个团队的积极引导，这种协作氛围往往能够更快地形成。

虽然在各个学科组、年级组中本身就有各自的协作文化存在，但是我们依然在接下来的美育融入课改的过程中，大力提倡了优秀教师带头组建起"教师共同体"，以求让教师们可以在各自的专业发展中获得更积极的进取。

3. "五共"实现"美育教师共同体"的建构

在2010年春，梨园镇中心小学正式开始构建"教师共同体"。为了进一步规范教师共同体的氛围，我们推出了《教师共同体具体意见》。其中指出，教师共

同体应由学校拥有出色教学经验的一级教师、德高望重的老专家引导，用老、中、青结合的方式，让美育理念与课改实践进行互补，共同探索与发展"个人反思、同伴互助、专家引导"的教师专业发展轨道，以此期望获得健康、有效而积极的教师成长专业化道路。学校从有共同目标与共同发展愿景的青年教师开始发力，到请骨干教师、教育专家加入共同体中，进一步发展成了完善的、可供持续发展的小团队。

◆在全体教师中深入开展"我是梨园小学人，我为梨小做贡献"的师德系列教育活动，每学期一个主题、一次大型教育活动。

◆建立教师学习制度，使学习成为一种环境，一种对话，一种问题意识，一种反思意识。学校每年教师节向教师推荐读书书目，组织青年教师开展系列读书活动，读教育名著，写反思随笔，做读书沙龙。每年组织一次"我与教育名著"征文演讲活动。努力形成一种弥漫于群体中的学习气氛，构建学习型组织。

◆通过教师共同体，完善三个工程：名师工程——充分发挥骨干教师的示范作用。"青蓝"工程——做好师徒结对子帮扶工作。"新星"工程——搭建青年教师练兵舞台。

在筹建教师共同体两年半的时间里，学校给予大量的资源支持。每一个年级组、学科小组都有可供团队借用的会议室，同时学校还在学校图书馆中专门开设了"教师专用书区"。当老师们发现某些教育资料对教学质量的提高有积极的帮助时，我们便会鼓励老师向学校进行汇报，由学校购买，作为老师专用书的填充内容。

如今，学校中已经有以学科、年级为单位的教师共同体十个。在这些共同体中，经历过将近三年的时间后，教师共同体得以形成和谐共促的团队关系：在这里激情得以相互感染，智慧得以相互分享，专业能力得以认可。当然，这种和谐共促的氛围是通过"五共"实践的坚持才最终得以形成的。

(1) 共同设置成长目标

在每一个共同体中，成员们每学期都会针对共同体特点，学习1～2本教育专著，并定期展开交流。鉴于美育理念的引入，我们还要求每一位教师每年都要立足于自己的教学经验，撰写2～3篇具有较高质量的教学论文。

此外，每个教研共同体一年内需要有1～2个课题，这些课题需要在三年内结题。在不同的共同体间，还需要定期进行有关美育经验的专题讨论，以求将美育内容进一步实现课目间的相互融合。每学期，各个教研共同体间还要结合实际，

进行跨学科听课5～8节。

同时，每学期每个教研共同体都需要命出一份质量较好的试卷，递交给学校命题中心，以供进行出题参考。每个学期，共同体中的出色学员都要展开校级公开课，以供将优秀教学经验向其他教研组进行宣传。

学校还特意以年级主任、学科主任为领导，建立起了教师学习记录档案。每一个教师的学习记录档案中，都含有学习记录、反思记录、研究记录、课外记录四个内容。

这种共同成长目标的存在，使教师观念得以在多元化思维的融合与碰撞中不断地融合，同时也得以在同伴扶持与自身努力探究中形成合力，不断地积极向前发展。

(2) 共同提升课堂教学

我校"教师共同体"提倡在同学科教师之间的实现"同课异构"，并倡导跨学科进行听课、评课，并要求在相似学科上展开尝试课。在听课、试课与讲课的过程中，教师们被要求坚持写作"点滴感想"、"教学随笔"、"教学反思"，使教学过程中最可贵的第一手资料得以积累。除此以外，我们还树立起了"细节决定教育质量"的意识，使灵感火花得以被捕捉，提高了教学活动的时效性。而这些教学活动都是为了在美育的教育过程中，一方面融合不同学科间的美育资源，实现课堂教学的全面提升，一方面使教师教学水平进一步提高。

美育教研活动与课堂教学的同步进行，通过教师共同体这一平台真正地实现了相互间的交流与探讨、互动与对话，教师之间也得以取长补短、汲取精华，使教学思路得到了及时的调整，同时又通过反思，与其他教师一起分享经验、规避失误，促进了教师专业发展中的良性循环。

同时，我们还号召在教师共同体中创设起"情境深入——觉察问题——分享经验——鉴别问题——力求创新"的团队学习模式，并倡导"探究型校本教研"的五段式教学模式：

◆独立备课，听取建议；

◆共同体共研文本、修改教案；

◆上研究课，组员听课；

◆成员真诚评课，集体反思；

◆集体进行反思讨论，共同促进提高。

这种五段式教学模式不仅超过了传统意义上的个人学习局限，同时也使每一

个成员都迅速地发展成为了学习的主人，同时，也使美育资源得以最大限度上聚拢。

在这两种学习模式的配合下，青年教师得到了迅速的成长，一大批教师成长为了骨干教师，教师整体水平获得了大幅度的提高。教师的角色也由"知识传递者"转变成了"教育活动反思与实践者"。在教学能力、教学水平不断提高的同时，教师的待遇也得到了较大的改善，其自尊、自信心与职业幸福度也在直线上升。

(3) 共建资源宝库

在2011年6月份，我校一批青年教师开始在学校的支持下，依托于学校网站，建立起教学资源库。该资源库得到了教师共同体的大力支持，在学校管理层的鼎力相助下，教学资源库获得了极大的补充。如今，学校资源库共存资料多达数千份，其中有一半以上是有关学科美育的。教师们在备课过程中所需要的课件、图片、视频与试卷等相关的材料，都可以在资源网上找到。

如今，我们依然鼓励教师们将自己原创的课件、教学设计与相关的教学反思、美育反思等论文上传到资源网站上，而且，这也日渐成为了教师的自发性行为。而其他教师则通过转化、吸收，进一步在自己的日常教学中进行运用。

在全体教师的努力下，共同体得以不断地发展壮大，教学资源库得以日渐充盈。成员在汲取营养的同时，也在不断地输送着营养；在从共同体中获得成长经验的同时，也在以自身的成长滋养着共同体的发展壮大。

(4) 共同展开立体式交流

在每周四的中午，我校都会在管理层的支持下，在学校特定会议室中，展开共同体成员间的交流，我们为其起名为"午间品茶"；在空闲时间，共同体成员还会通过各自的QQ群进行生活、工作烦恼的倾诉、育人心得的分享，从群体中获得温暖与力量。

从现实到网络，从课程到生活，老师们得以在工作、学习与生活针对学校管理、教学工作与教研活动等多个方面，进行各方面的交流。在这种平等、自由的交流氛围中，老师们能够更深刻地意识到自身的不足，从而改变教学行为，使自己的专业成长梦想进一步变为现实。

(5) 共同进行课题研究

教师共同体成员会将自己在教学过程中所遇到的新问题、激发的新思考与新创意详细地记录下来，通过自己的课程记录或是案例阐述，将自己对美育的新见

解阐述出来。这种实时的反思往往会使经验的总结更加顺利，而且，共同体中一旦发现这种反思具有普遍性、创新性，便会将其进一步展开为课题研究。

将反思上升到课题研究，并在共同体中展开的好处在于：共同体会让个体教师在专家、优秀者的带领下进步，同时也有机会使自我在教学过程中遇到的种种问题，如资源不足获得解决。

可以说，共同进行课题研究就是在美育融入课改的过程中，找到一个具体的点，让同事协助个体进行开发、创新、解决问题；而这种课题研究往往会将个人创意上升到集体的新前进方向，使问题得到系统化、大局化的思考，使每个人有机会发展成为美育某一领域中的出色者甚至专家。

在具体的实践过程中，我校就立足于这"五共"，在教师群体中树立起了学习即工作、学习才能赢得发展、学习力才是真能力的共同体发展理念，真正地实现了在学习中交流、在交流中反思、于反思中获得成长与提高的目的共同发展目标。

4. 教师共同体带来教师专业成长

在教师共同体的帮助下，教师群体所获得的成长与个人成就感也是显而易见的。

(1) 立足课改的美育专业成长，增进教师的职业认同感

教师的角色期待并不仅仅是"灵魂工程师"这么简单的事情，不同时期的教师其实拥有不同的角色定位。在应试教育中，教师更多的是体现在"教书匠"的知识传递者；在素质教育中，教师应以"全面人才培养者"来定位；在美育中，教师角色应定位于"美的引导者"。

这种"引导者"的定位，更多地认可了教师本身所具备的专业者的身份，使他们以积极的态度来参与到了课程改革中，成为了美育的代理人。

相对于外界对教师的期待，教师个人身份的认同教师从内在自我出发，在教书过程、与家长进行交流的过程中，通过与他人的不断互动，进一步建构起来身份认同。可以说，这种认同对于教师认可自己的"育人"身份，形成职业幸福感有着积极的帮助。

在这篇由囤国凤老师写作的个人成长感受中，我们可以更深刻地感受到教师共同体对她的个人发展所带来的积极作用。

算起来，我正式进入梨园镇中心小学从教已经是第三年了。而在学校中留给我印象最深刻的，就是同事之间的相互促进、相互帮助的成长氛围。

　　我原来在其他学校执教过，在当时的学校中，也举行过相关的教学研究活动。但是，当时的氛围远没有如此热烈，对教师个人的帮助也很小。来到了梨园镇中心小学以后，我便加入了"数学共促组"中。

　　当时，是由学校当时的五年级的白海东教师执教的，教学的内容是数学中的小数除法。在认真听完课以后，我原以为活动就此结束。没有想到，所有听课教师都集中在了数学组会议室中，所有听课的教师都抢着谈自己的看法与建议。从共促组组长到组员，都进行了积极的发言。

　　在这场讨论中，老教师主导、年轻教师谈创新、骨干教师谈方法，会场的气氛格外活跃，所有人都积极畅所欲言，各抒己见，评课内容也非常有深意。有些教师从美育融入上去评析，有些教师从教学手段上去深入，有些教师则站在孩子们的角度，去进行学习方法的深入分析，还有教师根据新课改的要求与美育理念的结合，对该次课堂教学过程中的某一个环节进行个人意见的发表。

　　教师们踊跃发言的状态、高质量的发言内容，都使我感受到了极大的震撼，同时也发现了自己的不足。在那次听课与评课中，我没有发言——但是，我却从中受到了深刻的教育。

　　在第二次评课活动中，我开始带着评课的意识去进行听课内容的记录。在该次的评课活动中，我大胆地提出了自己的意见，虽然只是寥寥几句话，却使我的参与感大大增加。

　　在接下来的第三次、第四次……甚至更多的共促组间的听课、学习过程中，我都在被教育着、感染着。如今的我已经是小组中最活跃的教师之一，而且，因为通过共促组学习获得了更多的经验，所以，在发言过程中，我的发言质量也得到了极大的提升。

　　在教师共同体中，我们追求的就是这样一种融合开放与专业于一体的氛围，在反思中获得自我成长的专业意见，并进而获得同事的尊重、接纳与认可，使每一位教师都有机会感受到因为自己的参与，而使共同体得到发展的积极力量。这些都会使教师进一步认可自我"美的引导者"的身份，因个人通过专业的学习，已经获得了美的能力，个人也已成长为体系中的美的因素与个体分子。这就如囤国凤教师所提到的那样：

　　在担负起"教育工作者"的重担时，我最大的感受就是，每天的神经都因教育本身所具有的重要性而紧绷着，头脑中也在因为期望自己的教学能力、教育认知能够上升到新的层次而不停地思考、不停地"触礁"，不停地寻找新的方向。

而在探索的征途中，总是有一双双温暖有力的手伸过来，搀扶着我，与我同行，一步步地共同抵达成功的彼岸。

（2）增强了教师对"集体之美"的认可

教师共同体的存在，对于美育最大的帮助就是，它使教师们认识到了集体的力量，同时也见识到了教师本身因为教育而出现的美好改变。这种对集体"尚美"的认可，也正是我们期望通过共同体培养起来的。

共同体所获得的集体之美主要包括：

◆ 强化了归属之美

共同体的成立、存在与发展使教师们建立起了强烈的归属感。在学校中，和谐氛围时时存在，"在友爱中竞争、在竞争中获得彼此的成长"已经形成了学校特有的"美之竞争"氛围。在这里，领导不仅是上级，更是良师，同事不仅是朋友，更是好伙伴。和谐与竞争并存、友爱与辩论同在的氛围，使教师们对学校的归属感进一步加强，同时也使教师们更愿意为美育理念的实现贡献一己之力。

◆ 培养起了信任之美

信任是群体中最美的花。共同体的存在使教师们学会了倾听他人，更学会了与他人进行某一方面的深入会谈。在这种自由的谈话氛围中，我们不会因他人的一句无心指责而怒气冲冲，更不会有困难不敢求援、有疑问不敢发问。在团队凝聚力增强的同时，教师之间的关怀关系进一步增强，信任之花也得以全面绽放。

◆ 形成了互惠之美

共同体的实践不仅给每一位教师提供了展示自我的舞台，同时也为每一位教师提供了同等的、平等的发展、学习机会，使每一位教师的才华都能够得以展现，教师们能够互为师徒，得以携手共进，形成相应的合作学习机制。互助之下，互惠的美好氛围得以形成。

◆ 职业之美得以展示

教师的职业幸福感来自于多个方面：学生成长、获得进步所带来的喜悦，个人个性张扬、自我肯定获得的愉悦；通过努力的学习、用心的钻研，使上课时单调的乏味、疲惫的苦闷得以修改，最终形成个性与教学风格完美融合的教育特色……这些都是职业带来的美好，而这些都可以通过个体积极、主动参与来获得。

让一条小河来充盈另一条小河，让一朵云彩去推动另一朵云彩，在相互的充盈、推动中，教师的个人发展得以实现，群体的力量得以增强，这本身就是教育

所带来的幸福感。

教师共同体所带来的，不仅仅是教师生存状态与教学方式的改变，更改变了教师对教育、学校与学习的认知。在公开授课、观课的过程中，求真、致和的学校教育理念得以体现，它对学校教师管理体系带来"求真、致和"积极效果也是显而易见的。

二、立足家长课堂，开展"引美入家"

在提到"教师"这一美育实施主角时，我们还应注意到家长在美育中的作用。美育无处不在，在学校里，美育可以与诸育汇为一体，促进全面发展人才的培养，使教学质量获得全面的提升；同时它还能够在学校各项管理工作中融合，使学校整体办学效率得到整体性的提升。在家庭中，美育则可以通过家长的情感因素为媒介，真正地做到因人而异、因材施教。学校美育是美育实施的重点，而家庭美育则是学校美育的一种延续。只有当家庭美育成功的前提下，美育才有可能在孩子的人生中呈现出一体化、有机统一的地步。

1. 美育成果在家庭中得到巩固

教育心理学家认为，真正成功的教育应从家长教育意识的建立开始："对孩子进行帮助的最好途径，就是帮助他们的父母成为更好的人。"在美育中，家庭与家长的重要性尤甚。我们甚至可以说，孩子能力是否能够获得较大层面上的提高，根本原因在于家庭：在整个教育过程中，家庭甚至起到了最终决定学校美育效果的作用。

(1) 孩子是父母的作品

美国著名作家塞缪尔·克莱门斯说过："我们可以轻易地从儿子的身上发现父亲的影子。"孩子是父母的镜子，更是父母的人生作品，在孩子的价值观、人生观、审美观、世界观的形成过程中，父母起着决定性的作用。成功的父母不仅会负责起孩子的身心能力培养，同时还会帮助孩子培养起审美能力，而父母本人的审美观在孩子的身上也可以窥见一斑。

很多情况下，我们都会发现，随着孩子日渐长大，他们会越来越像自己的父母，但是，没有哪个孩子会越来越像自己的老师。泰曼·约翰逊指出，"成功的家庭教育造就成功的孩子，失败的家庭教育造就失败的孩子。"从这一意味上来说，家庭教育是其他一切教育的基础，因为在孩子的成长过程中，父母起到了决

定性的作用，因此，如何评价家长在美育过程甚至儿童教育过程中的重要性都不为过。

（2）家庭是展开审美教育的最佳场合

与学校美育相比，家庭明显更适合展开美育教育。孩子们从小在家庭中生活、成长，与包括父母、长辈在内的家庭成员的接触也是最为密切的。在家庭中展开美育，要远比单纯地将希望寄托在学校美育中更加全面。因为在家庭中，所有的内容都将是美育的绝佳材料：在日常生活中让孩子们学会以美的观点收拾自己的房间，让孩子们在父母的影响下，形成美的行为，帮助孩子们培养起敬老爱幼的美德……而这些都属于美育的教育范畴。

（3）家庭能够更好地育德导善

美育的根本目的是通过建立起正确的审美观，使孩子们培养起向善、求美的心理特性。通过家庭美育，孩子们崇美、向善的情感将会被带动起来，并会通过自然而然的教育，使之拥有助人为乐、热爱祖国、积极乐观等各项优秀的品质。除了理性的说教以外，家庭中还可以通过家长的言传身教，通过音乐、绘画、电视、旅游、共同游玩等多种形式，使孩子的道德情操受到陶冶，使其高尚的思想情感得到激发。

在为孩子讲故事时，孩子们总是会通过家长语气的变化，分辨出哪个角色是好的、哪个角色是坏人；在看电视时，家长的评价也往往会影响到孩子的看法。在这种时候，真实的美通过家长的指导被孩子们发现，而这种生活中自然而然发生的美育活动，要远比学校中在课堂上传递的美育信息更容易被孩子们所接受。

（4）家庭中的美育可以更细致、更入微

虽然学校美育一直在追求潜移默化，但是因为其"特定教育场所"的身份已经决定，在学校中的教育是有目的而为之的。而且，其局限性也非常明显：传统的教育方式对于美育帮助不大，也无法马上将之完全摒弃。而家庭美育却可以经常性地展开、进行。

另外，学校中学生众多，每一所学校的师资力量都是有限的，老师们虽然有心，但苦于个人力量的有限，"一对一"式的细致美育始终是一个梦想。因此，针对每一个孩子的兴趣、爱好、个性展开美育活动，并不现实，从这一层面上来说，家庭美育却可以完全性地避免这种情况，真真正正地做到因材施教。

（5）家庭成员的一言一行都会影响到孩子的审美观念

家庭美育的作用并非仅局限于一个人身上。一个氛围融洽、成员关系和谐的家庭，在生活处处都会表现出人性之美、人格之美、人情之美，而这些也将对孩子的个性发展、智力发展、审美能力发展产生积极的影响。在充满了关怀、亲情、支持与鼓励的氛围中成长、生活与学习，孩子们的心情会更加舒畅，他们也更容易受到美的熏陶，养成美的个性与行为。

而且，家长与孩子之间的密切关系，也决定了家长的一言一行都会对孩子的人生产生巨大的影响。有些家长虽然并没有刻意地对孩子展开美育，但这并不意味着他们的审美观不会影响到孩子。事实上，从出生开始，孩子们便从父母们买回的玩具、母亲吟唱的摇篮曲中体会到美。在逐渐成长的过程中，父母又会进一步决定对孩子们的主要生活内容。在这一过程中，家长的审美能力、审美观点都会对孩子产生巨大的影响。

德国教育家凯夫指出："在孩子的美育过程中，对他们起到最大影响的是那些他们无知、无觉的内容。"而此处的"无知、无觉"其实就是指教育对于孩子所产生的潜移默化的作用。可以说，家庭美育的作用就贵在这种"无知、无觉"——若父母本身就是艺术工作者，那么孩子在艺术方面也往往会体现出早知早觉；若家长个性温柔、待人亲切的话，孩子在人际关系中也能够更好地体贴他人；相反的，一位粗鲁、无知的家长，也往往会使孩子体现出这样的个性劣势。

让孩子们成材、成人，是学校与家庭的共同义务与职责。想要使孩子们获得良好的教育与培育，要想使家庭教育成为滋润孩子心田的不竭之泉，学校便需要通过与家庭合力，使美育在家庭中得到进一步的延伸，使家长们到适合自己的孩子的美育方法，从而进一步挖掘美育在家庭中的"无觉"潜力。

2. 学校美育需要家长的参与

梨园镇中心小学在明确了"寓美育人"的办学理念以后，便一直在努力将与基础教育相关的人员进一步发展成为教育的参与者、建设者与支持者，以期望建立起"同步、同力、同向"的家校合作模式，使家校的共同育人功能得到进一步的推进，建立起和谐发展的美育氛围与环境。

不过，在学校美育实施之初，家校合作模式存在着较多的缺陷：

◆因为地处城乡交际处，有些家长受自身知识水平的限制，对美育认可度不高；

◆有些家长因为工作繁忙，对美育的积极性不高；

◆家校合作的层次仅局限于在家长会上宣传、在家庭联系手册上告之的低层次内容。

◆教师与家长在沟通上存在着较多的障碍，最终针对美育进行的种种合作行为也多以失败告终。

为了使上述问题得以解决，我们决定以学校为主导，积极地开展多项活动，进一步规范家校合作，制定了相关的措施与方法，以此来保证美育能够在家庭生活中得到延续。

(1) 开展家长课堂，使家长理解美育

为了使家长们在美育对于孩子人生所产生的积极作用上拥有更加清晰的认识，我校开办了家长课堂。家长课堂是以普通意义上的教学班为单位，由学校筹建家长主导。在家长课堂的办学过程中，我们与家长一起商量、合作，制定出了家长委员会工作条例、家长教育行为规范、学员守则、优秀学员评选条例等一整套的完整计划，同时，确立起了"长期坚持，规范授课，反馈经验，相互学习"的办学原则与以"授课制"与"反馈制"为主的家校合作模式。

在"父母美育课堂"上，我们以家庭美育教育理念为中心，针对如何形成"以美育人"的目的展开交流。鼓励家长们针对在子女教育过程中出现的问题展开交流与沟通。每个学期，家长课堂都会由校内那些对美育拥有独到看法的老师进行授课。在授课过程中，我们会将"美育"当成家长课堂的重点内容进行辅导。在辅导家长了解、知晓美育的同时，我们还会引导家长接受一些正确的、通过美的引导来教育子女的方法。让家长在教育子女的同时，更要关注孩子的心理、生理发育变化，使家长可以根据授课内容，结合自己的家教经验，总结出更有利于孩子成长的方法。

与此同时，我们还鼓励家长将自己出色的教育经历写成体会文章，并安排家长针对美育经验展开交流。每个学期结束时，我们还会将这些优秀的经验结集成册，印发给每一位学生家长进行参考。通过这种家校合作方式，最大限度上使每一位家长的"美育"意识与行动得以调动，同时，还构建起了有利于孩子们生命健康成长的家庭环境，以此来满足每一个学生审美能力成长的具体要求。

家长课堂的另一个作用在于，它的组织化使它可以直接面向班级化的学生，根据家长所从事的职业不同、所学习的专业有异，在班主任的指导下，用讲课的方式，对孩子们展开美育。同时，在课堂活动中，安排相关的美育内容。而在此

类的课程上，我们主要针对各个年级的学生在成长的过程中所关心的话题与问题，整合相关的美育材料与课程资源，同时结合家长自身的优势资源，来进行"家长课程"的美育内容选择。

另一方面，由于当下社会竞争压力的不断增强，工作压力的不断增大，很多年轻父母无法做到次次交流会、教育课堂都到会。有些家庭甚至是由长辈全权负责孩子的教育工作。而且需要注意的是，因为工作的繁忙，有些双上班族父母无法做到在照顾孩子的同时，贯彻家庭美育。这样的情况势必会造成美育内容被淡忘或忽视，使"家校美育合作"受到影响。

结合实际，我校举办了"美育学习速成班"、"爷爷奶奶学美育"等不同的形式的美育能力培养短期班。这种短期班得以适应不同层次、不同家庭条件的家长的需要，同时也使美育不至于因为父母工作过于忙碌而被落下。

(2) 开设父母心理学、教育学课程，鼓励家长参与孩子成长过程

在孩子成长过程中，家长多半会因为教育知识的不全面、不系统，而导致在教育孩子的过程中错误频出。特别是对于那些对教育孩子存在焦虑感的家长，他们多半对孩子抱有极高的期望值，但又不懂得如何让自己参与到孩子的成长过程中。

为了解决家长们的这些困惑，我校开展了父母心理学、教育学的相关课程，对各年级的家长进行了分层次、有系统的教育知识传授。在帮助父母了解孩子在校学习、成长情况的同时，对孩子的成长特点、心理特点进行了相应的科学解释。

同时，学校还借助于自身在心理研究方面的成来，展开了《美育过程中孩子的心理变化》的相关讲座。并在校园网、家校联系手册上，进行相关文章的推荐，以求引发家长的积极共鸣，使家长们对美育有所感、有所思、有所得。

另外，学校还请一些在家教上颇有心得的家长进行经验的介绍。传授成功家教的秘诀，使家长的认识获得进一步的提高，使家庭的教育质量得到进一步的提升。这种家校联合进行科学教育的方式，更契合孩子成长的特点，同时也更有利于父母根据孩子的发展、发育采取相应的家庭美育方法。

(3) 进行信任桥梁的搭建，让家长见证孩子的成长

在各个班级中，我校都成立起了家长委员会，同时从中选出代表，成立了学校家长委员会。在日常学校管理工作中，我们请家长委员会具体地参与到学校年

度工作计划的讨论与修改过程中。每一年学校的教师年度考核工作，除了请孩子们进行参与以外，我们还会邀请家长委员会成长对孩子的直接任课教师进行评价，以真正地让家长了解学校的教学情况、参与到学校的发展过程中，从而搭建起围绕着学生教育为中心的家校互动、老师与家长共鸣的"双向信任"的桥梁。

同时，我们还展开了让家长走入学校生活的各种活动。家长早已与学校生活久违，再加上如今教育发展已经日新月异，他们对于学校的一切早已陌生。特别是一年级孩子的家长们，因为处于幼小衔接这一特殊的阶段，所以，他们往往会比一般家长更关心自己的孩子是否能够适应学校的生活。为了帮助家长全面地了解学校的教育理念与孩子们在学校学习生活情况，使家校沟通有效增进，我们每一学期都会安排"家长开放日"活动，真诚地邀请家长走入校园中，参观、了解孩子在学校的具体学习内容。活动结束以后，我们还会邀请每一位家长在《开放日活动意见反馈表》上写出自己的真实感受，同时对学校日后的各项工作提出相关的建议与意见。在有了家长的参与与监督之后，学校的各项工作才能够不断地反思，才能够在改进工作中做得越来越好。

（4）充分地利用家长教育资源，使孩子们多一个了解社会之美的窗口

因为孩子们的父母多来自于不同的岗位，拥有着不同职业与文化修养，在教育孩子的过程中，我们应发挥他们的作用，从特别而新鲜的角度对他们进行刺激。学校每周都会安排一些学生的家长参与"课后半小时"活动，使学生们获得来自于多方面的知识，获得课堂上学习不到的社会经验。如，我们请在银行工作的学生家长带来了不同面值的人民币，并请他们给孩子们讲解人民币上的各种风景名胜与相关的知识；我们请当交警的学生家长为孩子们进行交通安全知识的教育，使孩子们了解到各种交通规则与各种对生命有危险的交通行为。

"课后半小时"活动不仅给孩子们带来了有趣而丰富的信息，同时也使孩子们的视野得到开阔，使他们的思维获得启迪，令孩子们追求知识、勇于探索的精神得到激发，使他们意识到，社会中处处都有美的存在，更激发了家长们积极参与孩子成长的积极性。许多家长为了当好孩子们的"校外老师"，主动地去搜集相关的资料，并学习使用孩子的语言来对这些知识进行阐述，从而使家长与孩子之间的交流变得更融洽。

（5）特殊学生进行单独家庭交流或家访，提升欣赏教育质量

对于在学校内有表现异常、无法融入集体、与同学发生口角的学生，我们安

排了家庭访问制度，以期进一步提升美教育的质量。

学校规定，在家访之前，教师需要进行事前的资料调查，调查内容包括：

◆学生父母的基本情况，包括具体工作、学历情况；

◆家庭基本情况，包括家庭成员构成、居住条件、学生父母感情情况、家长对于学生的具体成长要求；

◆学生在家中的情况，如是否拥有良好的学习环境，学习时间如何安排，与家人交流相处情况如何。

我们的家访制度旨在与家长进行学生在校内的特殊表现或问题的沟通，共同商讨、协调出恰当的教育方式、方法。

同时，学校还制定了相关的家访要求：

◆访问前，应根据孩子的实际情况，考虑好需要与家长交谈的问题，在访问过程中，要以诚挚的态度、恳切的语言、实事求是地对学生各方面的表现进行介绍，做到不夸大、不缩小。教师要先讲学生的优点，再指出他们的不足，最后提出相关的帮助、建议措施。

◆在家访过程中，教师要根据家长所讲的内容进行记录，并认真地倾听他们的意见，在肯定与采纳家长合理化建议的同时，适时地提出自己的看法，与学生家长一起，齐心协力，共同做好对学生的教育工作。

◆注意"十要"、"六必访"、"五回避"

十要：要有明确的目的；要有事先的准备；一般情况下，要学生在场；要讲究方法；要一分为二；要共同进行商讨；要听取相关的意见；要讲文明礼貌；要进行全面的了解；要迎难而上。

六必访：父母离异家庭必访、缺损型家庭必访、父母不在家的学生必访；有心理、生理障碍的学生家庭必访；行为规范困难的学生必访；存在明显进步的学生必访。

五回避：回避使用告状式家访；回避对家长进行指责；回避利用家访办私事；回避使用电话联系来代替家访；回避教师收受家长馈赠或应邀吃饭。

通过以上家访制度，我校教师得以对特殊学生的情况进行较好的了解，从而使家庭、学校能够形成凝聚力，共同为促进孩子全方位发展共同付出。

(6) 形成定期反馈制度，以保证欣赏效果

根据家访情况以及家长对家访的具体看法，我校邀请家长进行意见反馈，这

种意见反馈除了使用表格的形式以后，还由家长利用博客、信件等方法，进行学校管理、课堂教学意见表达。

每一学期即将结束时，我们都会具体地将家长反馈制度分成三个阶段来进行实施：宣传发动阶段、组织实施阶段、评价总结阶段。

家长对学校的评价内容主要包括了：

◆学校全局意见表达：是否依法治教、学校的办学思想是否端正？

◆办学宗旨意识，学校、相关教师是否与家长进行了积极的沟通与服务措施落实？是否解决了相关的实际问题？在教育质量方面，是否存在相关的质量问题，家长认为学校应如何进行改进？

◆师德、学风，包括教师是否存在体罚、变相体罚学生？是否存在与师德要求有不符合、使孩子们不满的地方？在课堂教学过程中，教师是否做到了将欣赏教育与自主学习、素质教育良好结合？

◆学校管理是否合格，包括了学校安全、卫生、环境是否合格？校务公开情况是否满意？

整个家长意见反馈制度中，家长可以根据自我看法，向学校进行意见表达；学校也将针对家长的不满、存在的意见进行教学活动、学校环境的改善，以保证学校的美育能够获得家长的认可与支持。

通过一系列的工作，"寓美育人"的办学理念得以延伸到每一个家庭中。不少家长在参与了学校的相关活动之后，家庭教育观念获得了极大的改变，家庭教育环境也获得了极佳的改观，以美育人的办学思想与办学特色获得了广大家长的大力支持与认可。

3.以活动为主线，将教师、家长与孩子串联在一起

课外活动是孩子们生活与学习过程中必不可少的内容，通过课外活动，我们可以使孩子们进行自觉、自愿的健康美育实践；通过活动我们还能够在家长、教师的帮助下，使孩子们的特长得到发挥、使孩子们的美育能力得到健全。另一方面，在学校主导的种种活动中，家长、老师们的积极参与，往往还能够引发孩子们对美育的积极性，从而使美育效果获得进一步的提升。

(1)从共读经典开始，开办家庭、学校读书活动

当代教育学者朱永新针对阅读的重要性进行过阐述："没有阅读就没有精神的发育。一个人的精神发育史就是他的阅读史；一个民族的精神境界取决于她的

阅读水平；一个没有阅读的学校永远都不可能有真正的教育；一个书香充盈的城市才能够成为美丽的城市。"多读书会使我们勇于和善于对自己的教育教学作出严格的反省和内省，既不惮于正视自己之短，又要努力探究补救途径，更会善于总结自己的或同行的成功经验，为理论的突破夯实根基。

◆ 在教师中展开积极读书活动

在学校中读书活动是最常规的活动，学校教师共读了张万祥、万玮主编的《教师专业成长的途径》、王少非的《在经验与反思中成长》、彭敦运的《第三种对话》、陶行知的《陶行知教育文集》、苏霍姆林斯基的《给教师的建议》、朱永新的《教育的奇迹》、叶澜的《教师角色与教师发展新探》、李镇西的《爱心与教育》等经典名著。书本合上，心灵打开，在共同体QQ群里挂上心得，论坛上挂出读后感，集中"读书沙龙"，思维碰撞，火花四溅，收获丰实。现在许多共同体老师深有感触地说："一天不读书，就好像少了些什么，睡觉都不踏实。"

◆ 教师推荐，引导家长与孩子共读经典

我们曾经针对家庭读书情况展开全校范围内的调查，在该次调查后发现，有53%的家长认为，自己读书对孩子有帮助，可是在读书实践上，自己做得不足；有30%的家长会自己读书，并会指导孩子的读书；11%的家长虽然有读书的意识，但是不知道读什么书能够对孩子教育起到帮助；有6%的家长认为，读书是孩子的事，与自己无关。调查显示，更多的家长为了帮助孩子更好地学习，花费了大笔钱为孩子们购买各种题库、参考资料，虽然这些书籍不能说对孩子的成长毫无帮助，但是仅读工具书，对孩子的全面发展与审美意识的培养显然不利。

书中自有美育之道，但是对于这一点很多家长都未曾意识到。在家长学校中，我们不断地展开"好书推荐"活动，由老师担任主导者与组织者，引导家长们去关注那些对孩子们的审美意识有着极大帮助的书籍。

在这项活动中，一系列的好书被家长们阅读、重视起来，《昆虫记》《吹小号的天鹅》《牧羊的小猪》《精灵小鼠弟》……都获得了家长们的认可。在意识到书籍中的美好以后，家长们开始积极地为孩子们购入各种书籍。有些家长因为自我知识局限，还会特意向老师请教。我校邓凌云老师便曾经向我讲述过这样一件事。

杨校长，那天有位家长给我传了一条短信，真是让我感动极了。"邓老师，我从来不知道，童话也可以这么美。我一直以为，自己在阅读方面做得已经足够

了，但是，您向我与孩子的妈妈推荐的一系列的书，不仅让孩子感动，也让我们感动了。特别是那本《夏洛的网》。后来，我在网上看到，一句话，感觉真是描述了我的心声：半夜醒来，摸一下胸口，感觉到心还在跳动，就感觉很高兴，因为这就意味着，我还能再次品味一次《夏洛的网》，而再读一次，就意味着我还活着。感谢您的推荐，我也期望，您在日后，还能继续向我们推荐这样的好书。"

这样的感动在家长中并不鲜见。我们规定，每一个年级的年级主任在每个月都要向老师征集意见，让老师提供一些适合孩子阅读、适合家长伴读或者适合家长美育观念成长的好书。针对老师的推荐书单进行甄选后，再通过家长学校或者其他方式向家长推荐。这种针对年龄特点，根据孩子的知识面、认知能力进行好书推荐的活动，获得了家长们的极大认可，同时也使孩子们认知到了书本的力量。

(3) 订制书单，帮助父母美育学习系统化

在每一年，我们都会针对孩子们的年级特点，向家长们进行好书推荐，以下便是2012年的上半学年中，我们向家长们推荐的基础阅读书目清单。这一清单是由国家图书馆的专家们专门研制、公布的，其中各项书目皆考虑到了孩子们的阅读能力与年龄特点。

通州区梨园镇中心小学 2012 年推荐书目			
学段	类别	书名	作者（译者）
小学低段（1-2年级，10本）	文学	蝴蝶·豌豆花	金波/编，蔡皋等/画
		稻草人	叶圣陶/著
		没头脑和不高兴	任溶溶/著
		小猪唏哩呼噜	孙幼军/著，裘兆明/图
		猜猜我有多爱你	（爱尔兰）麦克布雷尼/著，（英国）婕朗/绘，梅子涵/译
		不一样的卡梅拉（我想去看海）	（法国）约里波瓦/著，（法国）艾利施/绘，郑迪蔚/译
	科学	第一次发现（濒临危机的动物）	法国伽利玛少儿出版社/编，（法国）雨果/绘，王文静/译
		神奇校车（在人体中游览）	（美国）乔安娜•柯尔/著，（美国）布鲁斯•迪根/绘
	人文	千字文·三字经·弟子规	周兴嗣、王应麟、李毓秀/著，罗容海、郝光明、王军丽/译注
		中国神话故事	聂作平/编著
小学中段（3-4年级，10本）	文学	千家诗	谢枋得、王相/编选，李乃龙/译
		三毛流浪记	张乐平/绘
		宝葫芦的秘密	张天翼/著，丁午/图
		安徒生童话	（丹麦）安徒生/著，叶君健/译
		长袜子皮皮	（瑞典）林格伦/著，李之义/译
		亲爱的汉修先生	（美国）贝芙莉•克莱瑞/著，柯倩华/译
	科学	奇妙的数王国	李毓佩/著
		让孩子着迷的77×2个经典科学游戏	（日本）后藤道夫/著，施雯黛、王蕴洁/译
	人文	林汉达历史故事集	林汉达/著
		书的故事	（前苏联）伊林/著，胡愈之/译
小学高段（5-6年级，10本）	文学	西游记	吴承恩/著
		城南旧事	林海音/著，关维兴/图
		草房子	曹文轩/著
		我的妈妈是精灵	陈丹燕/著
		夏洛的网	（美国）E•B•怀特/著，任溶溶/译
	科学	科学家故事100个	叶永烈/著
		昆虫记	（法国）法布尔/著，陈筱卿/译
		地心游记	（法国）凡尔纳/著，杨宪益、闻时清/译
	人文	孔子的故事	李长之/著
		少年音乐和美术故事	丰子恺/著

通过这些书目，孩子们的"求真、尚美"的审美观念得以进一步确立，而家长们也因为伴随孩子阅读，而发现了孩子在美育中获得的成长，从而产生了对美育的认可，增加了对学校工作的信心。

(4) 三方参与，多项活动齐头并进

在将"寓美育人"的观念引入学校的正常教育教学活动中以后，我们以学校为主导，积极地开展了多项实践活动。从2008年开始，学校形成了一系列的"家校联合式活动"。

◆ 摄影活动：与孩子一起寻找春天

每一年的春天，我们都会由年级主任主导、由班主任牵线、由家长进行地点的选择，展开春游与摄影活动。

在这项被命名为"与孩子一起寻找春天"的活动中，我们提出了以下口号："给孩子一个镜头，为孩子留住童年，让照片展示天真无邪。"

这项本意为留住童真、发现季节之美的活动中，孩子与家长一起，以亲子互动为主题，由有摄影器材的家长或班主任为助手，帮助参与活动的家长与孩子在绿色的春意中，留住浓厚的亲情，使家长体验到与孩子一起成长的快乐。

如今，这一活动已经成为了学校的保留性活动，每一次开展，都能够得到家长们的热情支持与广泛参与，每一次活动结束后，学校都会收到各式亲子摄影作品。在活动结束以后，我们还会开办亲子摄影展览室，对特别出色的摄影作品进行为期一个月的公开展示。

◆ "我是时尚人"服装展示活动

该项活动原本只在本校教师中进行，在2011年，我们将其进一步扩展为家校合作中的一个项目。在每一年的学期学期以后，我们都会以年级为单位，号召教师与家长积极参与此次活动。老师、家长与孩子们都可以穿上自己最喜爱的服装，或者自己亲手制作的服装，来展示自己的个性美。

根据服装的特色，我们将活动分为"教师风采"、"亲子服装"、"童真服饰"三个部分。家长们为了与孩子们一起参与活动，纷纷使用报纸、旧衣服等多种材料，为孩子们制作出样式新颖的各式服装；而老师们所展示的各种着装，也体现出了学校的教者风范。

除了以上二个固定内容以外，我校还根据具体的情况，开展不同的服装美育活动。比如，鼓励孩子们在每周五可以不穿校服，而是穿自己的个性服饰来学校。这种活动的开展，使孩子们进一步意识到了个性之美，同时也使服装展示活

动得以由专项活动向学校生活进一步延展。

◆与孩子一起编儿歌活动

针对眼下交通事故多发的现实情况，再加上学校处于车辆众多的路段上，为了进一步加强孩子们的交通安全意识，我们鼓励孩子们与家长一起，进行交通安全儿歌的编写活动。

红绿灯

六年级 范光西

红绿灯，亮闪闪，
交通安全都靠它。
红灯停，绿灯行，
遵守法规不抢行。
交通事故少发生，
路路畅通你真行。

酒后驾车危害大

六年级 何珺

司机叔叔去酒吧，
出来时候笑哈哈。
趁着酒劲把车拼，
拼车圈里当老大。
不听朋友热心劝，
"咚"的一声失去家。

交通安全记心上

二（4）班 孙芳卉

交通安全记心上，
时时刻刻不能忘。

交通通畅人欢畅，

祖国日日奔富强。

交通安全最重要

二（4）班温馨

太阳当空照，

花儿对我笑。

我背书包上学校，

心情多欢畅。

我去上学校，

带着小黄帽。

过马路时不跑闹，

司机叔叔对我笑，

夸我是个好孩子，

牢记交通安全最重要！

在家长的指导下，孩子们创作出了各式各样的交通安全儿歌。这些出色的儿歌在学校网站、学校安全宣传栏中皆有展示。

从该活动中，我们又进一步发展出了各种儿歌创作活动。每一学期，我们都会制订不同的主题，鼓励孩子们与父母一起，创作朗朗上口的儿歌。

除了以上固定活动以外，我们还会邀请一些优秀家长参与学校的美育活动中去。比如，邀请一些从事如警察、医生、艺术家等特别行业的家长参与到孩子们的主题班会中去；邀请在美育中表现突出的孩子们的家长参与到升旗仪式与开学典礼中去。每一年的运动会上，我们都会鼓励家长与孩子一起参与亲子运动，使孩子们树立起良好的竞争意识，从家庭中培养起合作的观念。

通过以上工作，我校所做的美育工作获得了家长们的认可，在学校与家庭之间，也建立起了良好的合作关系。家长、孩子与学校、与老师之间的距离也在不断地拉近着。我们惊喜地发现，在家长的积极参与下，学校的美育工作得以更顺利地进行，孩子们的审美观念也因为家庭的参与而上升到了一个新的高度。

4.挖掘社会资源，搭建实践式育人舞台

学校教育与社会教育应紧密联系，互相配合，把学校教育扩展到全社会，这是现代社会对学校提出的新要求。单一的学校教育是不完善的，学校要利用社会教育优势，把社会教育作为学校教育的延续和补充。社会教育资源丰富多彩，也正是出于对这些资源的利用目的，我们进一步增强了学校的开放性。

(1) **挖掘教育资源，构建教育网络**

学校重视和利用社会资源，把对学生具有教育意义的单位作为教育学生的基地。我们先后与驻地部队、敬老院、幼儿园、青少年活动中心等单位协商建立了军训基地、敬老爱幼基地、科技艺术训练基地。同时学校注意社会人力资源的挖掘，本着就地、就近的原则，在一些重点联系的单位中和"五老"中聘请校外辅导员，充实了学校的教育力量，丰富了学校的教育内容，同时也提高了教育实效性。注重发挥社区教育委员会的作用，做到家校主题教育联合下发通知，学校、社区、学生、家长共同参与，真正形成联动。

(2) **利用教育资源，搭建实践舞台**

为了进一步有效利用社会中的教育资源，我们展开了多项活动，为孩子们的社会实践搭建了坚实的平台。

◆ 走进社区，感受生活

学校组织学生走进社区开展参观新村、访问老干部、社区调查等活动。学生们在参观新村时对其优美的环境，齐全的服务设施赞叹不已，感受着生活的幸福。在访问老干部时了解到新村的奋斗史和发展史，感知幸福生活来之不易，从而珍惜今天的幸福生活。学生在对社区环境调查，居民文明程度调查，服务人员调查时寻找到了生活中的榜样，了解到优美的环境需要保洁人员的辛勤付出和大家的维护，从而更加热爱小区。

◆ 建设社区，共享文明

学校充分利用教师资源优势，让教师走进社区和村队，指导合唱、老年秧歌、健身舞等，组织开展丰富多彩的社区文化活动。学生在老师的指导下为社区的花草树木设计宣传牌，参与社区的环境建设。学校和妇联一起共同开展评选、表彰"好家长"、"文明好家庭"活动，为学生健康成长创建良好的教育氛围。以争做"文明礼仪好家庭"和争做"文明礼仪小使者"开展教育活动，开展"我和父母一起做，争做文明礼貌星"主题活动，为了使此项活动深入开展学校和镇妇联还开展以家庭为单位的礼仪小品赛、家庭运动会、家庭风采展示等活动。走进社区可见孩子们文明的身影，孩子们敬老爱幼尊长辈，用自己的言行感受着讲

文明、懂礼貌的快乐。

利用学校、家庭、社会协同发展这一机制不仅增进了家长之间的团结互助，促进了家长和教师的相互交流，让家长作为主体身份主动参与学校的教育管理，协助班级开展教育活动，同时也是对家长和教师的再教育，密切了学校与社会的联系，使学校获得了更为广泛的生存和发展空间。

实践证明，学校、家庭和社会就是生命的共同体，学校、家庭、社会三结合教育是相辅相成的，缺一不可的，它们是彼此互生互利、共享共荣。只有把学校、家庭和社会三股力量融为一体，不断发展三结合教育优势，努力创造良好的育人环境，才能让青少年健康茁壮成长。

几年来，我们学校先后荣获"北京市敬老文明模范校"、"北京市优秀家长学校"、"北京市教育科研先进学校"、"北京市绿色学校"、"北京市德育先进集体"、"北京市礼仪教育先进校"；"北京市美德教育行动示范校"等多项荣誉。而这些荣誉与成功，也使我们更坚定了一如既往，进一步深化德育工作的信心。

第七章 新美育教学过程中的审美建设

在蔡元培先生的教学主张中认为："凡是学校所有的课程，都与美育有关。"不过，在传统教学过程中，我们可以很清晰地看到美的缺失，那种教师为主角、学生为配角与知识接收器的现象并非偶然出现。在传统教学过程中，以生为本的教育观念未能实现，同时孩子们也很难感受到知识之美。而在新美育建设的过程中，因为形成了由教师为主导、学生为主角的教学方式，再加上学科整合、教育氛围融入，我们可以将美育顺利地引入教学过程中去。

一、从艺术入手，强化教学审美手段

艺术教育是美育的重要组成部分，同时也是美育实施、走入学生现实生活的重要途径。在梨园镇中心小学，我们采用了多方手段，从音乐、美术、书法等艺术课程入手，积极地通过艺术，使美育进一步与教学工作联系在一起。

1. 艺术性课程的具体设计原则

在艺术性课程的设计过程中，我们首先制定了严格的管理制度与质量监控方法，进一步组建起了学校艺术教育的详细管理体系，并采用了一系列的管理措施，使学校的艺术课程进展得以保证。

(1) 全员参与，提升认识

身为基础教育中不可或缺的一部分，艺术教育一直得不到重视。这固然与基础教育中对艺术课程的淡漠有关，同时也是因为学校的认识不足而导致。我们既然要培养起全面发展的人才，便必然要重视起艺术教育。另一方面，艺术教育本身就是美育的重要内容，所以，在学校中，我们需要重新树立起对艺术教育的新认识。

基础教育中的艺术教育与艺术专业学习有着根本性的区别。它所面对的是全体学生，而非少数在艺术上有突出表现的天才，其主要任务也并不在传授多少艺术性技艺，而是要培养起孩子们对各项艺术内容的鉴赏能力，使孩子们在欣赏美、欣赏艺术的过程中，产生积极的感受，从而使个人素质成长上一个新的台

阶。因此，基础教育中的艺术教育的重要任务在于，提升孩子们的审美能力，建立起孩子们的审美情感、审美想象，并使他们在艺术的海洋中拥有创新能力与想象力，并最终达到通过艺术的渲染，提高孩子们的基本素质、生存状态与人生发展水平。

另一方面，将艺术教育纳入学校美育体系中，让其成为美育中必不可少的存在，也提高了广大教师对于艺术教育的认识。在教师的眼中，艺术不再是可有可无的副科，而是全面实施素质教育的重要组成部位，同时也是美育融入教学教育过程中的重要审美资源来源渠道。在学校的大力宣传下，老师们得以形成新的认知："没有了艺术的教育是不完整的教育，缺乏了艺术教育课程的学校也是不合格的学校。"使艺术教育的重要性在每一个教师的脑海中生根发芽，同时也增加了每一位学生接受艺术教育的机会，使他们得以在平等、均衡的平台上，获得自己想要的相关艺术知识。

(2) 完善管理结构，进行科学管理

该管理结构与"两个团队"、"四个三"管理制度结合在一起，形成了特色化的艺术教育管理体系。

校长：全面把握方向，实现艺术与其他学科之间的调配，并进行相应的工作指导；

教学主任：参与到艺术教育课程的管理与各项艺术活动的计划中，起到总体协调的作用。

学科主任：参与学校艺术教育的日常教学与管理、组织开展各项艺术实践活，主持开展艺术教育课题的研究等工作。

后勤部门：对各项艺术教育活动的开展进行物资的支持，保持活动可以顺利进行。

(3) 制定相关管理制度，使艺术学习与相关管理有章可循

为了进一步保障艺术教育的顺利实施，同时也为了避免艺术教育成为口号，我们建立与完善了相关艺术教育的多项规章制度。学校现有《开展兴趣小组、艺术团队的具体管理细则》《音乐、美术与体育器材的具体使用、管理办法》《艺术教育奖惩办法》……

这些文件的出台，一方面保证了艺术教育上升到了学校管理的层次上，使学校教师、管理层皆对艺术学习引发重视；同时，也避免了艺术教育过于散乱、管理起来没有具体制度可以遵循的现象，为学校艺术教育的顺利实施，提供了制度

与组织上的双重保证。

（4）实现全方位监控调研，保证艺术教育的质量

学校结合指定的艺术教育工作计划，制定出了相关的艺术学科质量监控方案，由学校艺术学科的组长组织相关的教师，不定期地对学校的各项艺术教育展开积极的调研，同时，利用展示等多方面的活动，聘请相关艺术专家到校指导把关和评价。

这一系列的活动，使艺术教学的质量在教学及活动过程中得到重视，使学校的艺术教育水平上升到一个新的层次。

2. 将艺术课程引向专科学习

所有的学科只有在走向了专业以后才能发挥其最大教育功效。艺术课程在学校中的实践也不例外，而这种学习想要成功，需要从三个方面入手。

（1）借助学校美育理念的不断深入，持续推进艺术教育

随着学校"寓美育人"的教育理念持续地深入，再加上课程改革在教学过程中的不断推进，三级课程的实施，更是给学校的特色发展提供了良好的契机。我们对国家课程中的艺术课程进行了具体的分析，并发现：美术、音乐两门课程所注重的是对孩子基础艺术素养的培养。

在审美能力培养的过程中，仅仅调动孩子的多种感官去感受艺术的美还不够，而是应通过多项艺术课程的齐头并进，使孩子们不断地开发右脑，培养起孩子们的形象思维，使其情感得到丰富。

针对国家规定课程的不足，我们在学校课程的开发过程中，更有针对性地对艺术类校本课程进行了开发，以求培养起孩子们对艺术的爱好或者特长。

在学校课程中，我们将课程具体分为了必修课与选修课。

◆艺术必修课

形体课——培养学生良好体态；

硬笔书法——感受汉字结构的美；

朗诵课——让孩子们拥有"大声说出来"的勇气；

绘画课——为学生提供画笔；

普通班以常规课程安排的方式，在每一个年级都有相应的课程开设，以全面培养起孩子们基本的审美能力。

◆艺术选修课

包括器乐类、形体类、声乐类、绘画类、书法类、朗诵类等20多门课程。

此类课程以课外艺术兴趣小组的形式，采取自愿报名的方式，由孩子主动报名、教师进行粗选、推荐开始，将孩子们分配到不同的小组中；

这种必修课与选修课的设计还考虑到了孩子们的年龄不同、接受与学习能力不同的多方面问题。

一～三年级正是孩子们塑造起良好体态、打下书法基本功的最佳时期，因此，在这一阶段的艺术课程学习以必修课为主。二～六年级开始，孩子们开始出现多方面的兴趣，同时也具备了一定的自主选择能力，我们规定，孩子们可以根据自己的爱好来选择相应的课程。

从2010年开始，学校都将每周下午的最后两节课，作为艺术选修课的上课时间。学生与学校在艺术选修课的选择、参与上，以孩子发展为主要任务，本着"双向选择"的原则，为孩子们创造最适合自我、对自我审美能力发展最有帮助的学习方式。

(2) 全面提升艺术课程教学质量

《全国学校艺术教育发展规划》中指出：学校艺术教育要以全面推进素质教育为目标，以深化课程教材改革为核心，更新教育思想和教育观念，大力改革教学内容和教学方法，使学生在学习艺术基础知识和基本技能的同时，注重培养爱国主义精神和集体主义精神，树立终身学习的愿望，培养创新精神和实践能力，提高审美能力和文化素养，开发自身的潜能，促进学生全面和谐发展。

目前，学校根据课时计划，坚持开足开齐艺术类课程，艺术必修类课程按课程标准规定的目标，制订出了相应的质量评价方案。各个学段的教师结合学段的要求，明确了审美能力的教学要求。在教学过程中，注重以多彩的方式来激发起孩子们的学习兴趣，使孩子们的审美体验得到进一步的丰富，使孩子们培养起掌握艺术类课程的基本学习，使孩子的心灵在艺术中获得净化、其情感得到熏陶。

为了进一步规范学校的艺术课程教育工作，提升艺术教育质量，学校管理层结合课程特点，进一步加强了常规管理。除了对每一位艺术教师提出了具体的授课标准与要求以外，我们还加强了艺术教育课程的课堂质量监控，对艺术教师的工作职责进行了规定，同时，还配套了艺术课公开评比制度。这些评价内容都被纳入了学校的学期绩效评价中，使艺术教育工作的顺利进展得到了更大的保障。

(3) 进一步加强师资队伍的艺术气息建设

将艺术教育融入师资队伍的建设分为了三个方面：

◆ 加强专业艺术教师队伍的建设

为了使艺术教育的质量得到进一步的保证，学校还配备了精干的艺术教育专职教师队伍。这些专业的艺术教师都具有极佳的心理素质、艺术素养同时拥有较高的专业艺术教学水平，在学校中发挥了骨干带头的作用。如今，学校有专职艺术教师12人，其中有10名是拥有学士学位，有7名是区级骨干教师，2名市级骨干教师。

为了满足教师的学习需要，我们还建立起了有效的、针对艺术教师的培训与进修制度。鼓励教师们进行更高层次的进修，并努力为他们创造起良好的条件与环境。通过这些措施，一支素质较高的艺术教育队伍得以迅速地成长起来。

◆ 提升全体教师的艺术素养

结合学校"寓美于人"的办学理念，结合将美育与课程改革完美融合的要求，我们广泛地展开了对教师队伍的艺术宣传，使教师对艺术教育的认识进一步提高。

学校提倡、鼓励老师们将自己的艺术专长或艺术爱好在团队中进行分享。同时，利用教师成长共同体，进行教师的才艺与风采展示，为老师们搭建起学习与展示的平台。学校还会定期组织老师们去欣赏专场音乐会、话剧等活动，以期进一步提升教师队伍的欣赏能力。

(4) 深入发掘多种艺术教育途径，提升艺术活动质量

对某项兴趣与爱好往往会使孩子们主动提升个人艺术素养的信心极大地增强，而对兴趣爱好的持续培养不仅对孩子的审美能力提升有极大的帮助，同时还对孩子的人生、个人品性培养有着极大的影响。因此，我们通过开展丰富的艺术活动，来进一步深入发掘多种艺术教育的途径，以期使艺术教育质量上升到一个新的高度。

艺术活动在走出了课堂以后，往往会带有极大的灵活性，在这方面，学校进一步加大了领导与管理力度，制订出了具体而有效的管理制度与管理措施，使课外艺术活动的开展逐渐地迈向了规范化、制度化。

◆ 固定艺术节

每年5月份中旬，我们都会开展"阳光与我同在"艺术节活动。这种艺术节每一年都会以不同的主题开展。比如，在2013年，我们便以舞蹈为主，配合合唱、乐器独奏的上午专场，下午绘画、书法的综合艺术展示为途径，使优秀的艺术作品得以展示。

在往年，学校会针对艺术节，由年级主任与学科主任组成评委会，根据节目

的具体情况与作品报名情况，进行小型的专场演出，并进行当场评分，最终评选出一、二、三等奖。在获奖的同学中，评选出"小小舞蹈家"、"小小书法家"……

目前，学校艺术节已经形成了艺术传统特色项目。通过艺术节，孩子们健康的审美观念与审美情趣得以培养，个人的行为得以规范，孩子们的才艺也得以展示，极大地促进了孩子们的素质培养与个人全面发展。

◆阶段性艺术活动

学校还会利用重大的纪念日、中国传统节日，展开丰富多彩的艺术活动。比如，每年重阳节，我们都会组织学生艺术骨干到敬老院，为老人们献上精彩的演出；同时我们还将艺术教育与班级活动进行了结合，使学校的德育中心工作结合在了一起，开展了阶段性的德育主题艺术活动。

值得一提的是，我们还针对毕业班，形成了"感谢母校"一系列的艺术汇演。小学毕业班的孩子们在毕业考试以后，我们会为其准备专业表演场地，请他们的老师、家长与学校重要领导、区领导到场，让孩子们使用合唱、诗歌朗诵等多种形式，对自己在小学阶段的学习成果进行汇报演出。让孩子们以这种形式告别自己的小学时光，对孩子、对老师、对家长，无疑都是极佳的艺术教育途径。

◆成立校园协会

如今，学校以学生会为主导、艺术专业老师担任指导的方式，成立了包括舞蹈协会、书法协会、吉他协会等多个协会，这些协会旨在丰富我校师生与家长的业余生活，提升孩子们的艺术修养，进一步营造起具有艺术气息的校园文化。虽然这些协会如今皆处于建设阶段，但其前景的明确性却显而易见。

多种活动、多种管理制度与措施齐头并进的方式，不仅使学校的艺术课程真正地走向了专科学习、专业指导的方向，同时也为学校下一步将艺术学科与普通学科进行整合提供了极佳的资料、内容来源。

二、以新课改为平台，构建新美育课堂

中共中央、国务院指出的："将美育融入学校教育的全过程。"这一要求的提出，使学校得以站在新课改的平台上，去深入地思考，如何才能进一步通过课堂教学，将美育与学科教育相融合。因为课堂教学是学校教育的主要渠道，唯有实现了美育与学科教育的完全融合，实现课堂教学的审美化，我们的美育实践探索才算是真正地落实到了教育全过程中。

1. 以艺术课为引导，实现学科间的审美整合

不同学科间的审美融合的目的，是以符合审美规律的艺术教育为主体，将美育进一步融入到学科教育的全过程中，使审美规律与艺术创造精神进一步贯穿到整个教育教学过程中去，在有效提升审美化课堂教学质量的同时，使孩子们培养起健康的审美情趣与生活方式，进一步扩宽孩子们的审美视野与审美空间，全面提升孩子们的审美素养。

若审美化教学已经成为一种必然，那么，我们便必须要从全局入手，为这种必然的发生找一条更加合理的实现道路。梨园镇中心小学所采用的方法是，先从艺术课程试水，鼓励教师与学生共同探索审美化教学。

◆提升专业教师的素质

我们在艺术教学的过程中不断地倡导，期望艺术教师要勤于钻研，深入挖掘课程中美的东西，强化美的教育。如美术课中，教师不但要告诉学生怎么画画，还要多让学生欣赏名家名作，给学生分析画的色彩美、造型美，提高学生艺术鉴赏水平。音乐课中，要注意分析讲解乐曲歌曲旋律的和谐美、意境美，思想的高尚美。

◆把握教材中的审美因素

艺术教师也要充分认识美育教育的重要性，把美育教育渗透到各科教学中，要深入研究教材，发挥本学科的优势，在传授知识的同时，提高学生的审美能力。

◆创设美的教学情景

在创设美的教学情景时，我们一方面教师要做到仪表端正、举止大方、教态自然，另一方面要尊重学生的个性差异，有目的引导学生共同营造和谐的课堂学习氛围。

◆探索优美教学方法

我们要求老师采用丰富多样的形式，选择美的教育手段，运用美的语言，展现美的教学内容，创设美的课堂氛围。指导讲方法，点拨讲深度，语言讲激情。从口语到板书，从提问到答疑等都要营造美的情景，让学生在知识的涵养和美的熏陶中和谐发展。

通过以上要求，艺术教师总结出了大批的教学经验，这些经验通过教师共同体的深入探讨与研究后，进一步汇报到学科小组中，并由学科小组向年级小组进行初试手。在获得大部分教师的支持与认可们，得以用"创新"的形式，融入到

学科教学的过程中去。

2. 以创新为途径，在学科教学中发展审美的能力

学校要求教师根据各学科的特点，在教学中有计划、有目的地渗透美育，并通过美育提高各学科的教学质量。

◆引导发现审美点。

◆在参与活动中，使学生得到美的体验。

◆在教学过程中，提升鉴赏美、创造美的能力。

◆充分利用电教手段，提高美育整体效果。

美育的实施，使学生在文化课的学习中显示出了较高的理解能力和想象能力。语文《月光曲》一课要求学生边听边想象"月光曲"所描绘的情景。学生们有的想象到了"月光下幽静广漠的大地"，有的想象到了"月光照耀下银白色的雪花随风起舞"。一位学生说："夜晚的森林宁静、恬美，月光透过树叶洒向地面。一位身着银裙的小精灵时而奔跑跳跃，时而翩翩起舞"。

在杜美霖老师的课堂教学中，我们可以很清晰地看到这种对个人审美进行发展的特色。

我的教学实践证明：在和学生一起感悟课文的精神内涵时，学生更易积极主动学习。在坚持一年多的时间中，我班学生从当初"淡淡的情感态度"发展到现今的"随文情动"，而且经过熏陶感染，学生们个个积极主动，热爱生活，乐观向上。

如学习《在金色的沙滩上》，课文目标要求了解孩子们在沙滩上造城市的高兴心情，感受大自然带给我们的欢乐。上课初，我先问："哪些同学去过大海边，你在沙滩上都看到了什么？（从生活入手，激发兴趣）今天我们也一起去金色的沙滩上看一看，好吗？"这时，学生马上进入了课文情境。

在学习第三自然段这一重点段时，我们是这样感受课文的：同学们在自由读中想一想：我们在沙滩上造了一个什么样的城市？随后孩子们都争着描述起来："堆起了一座座楼房，楼群里有一个大大的足球场，还挖出了宽宽的河流，河流里有轮船、帆船。"说完，我引导学生读一读书上的句子，可以加动作，很自然地学生在读到"我们伸出小手，堆呀，堆呀。"时，都伸出小手，随着读书的韵律，两手做出"堆"的动作。动作促进了理解，学生们不断做出"大大的、挖呀挖、宽宽的"等恰如其分的表演。这时，学生已真正地感受到了造城市的美好与快乐。

　　我抓住这一契机，鼓励他们参与进来，如果是你，你还会在沙滩上造什么？同学们一下子更活跃了，把手举得高高的，有的说："我会建一个儿童游乐园。"有的说："我会建一个大家都需要的地方——厕所，这样就可以给游人提供方便。"还有的更有环保意识："我会建一个和大海连接的循环水站，珍惜水资源，这样，游人就能在大海边喝到经过处理的海水了。"多么好的创见呀，孩子的思维闸门被打开了，自然主动地参与到了语文的学习中来。

　　随后，我引导他们："我们伸出小手，假如你就是文中的我们，来读一读。"学生们一下子融入了课文，边读边做动作。看，他们多像沙滩上一群快乐玩耍的孩子呀！显然孩子们已经感到了大自然带给他们的欢乐。

　　随风潜入夜，润物细无声。我愿做随风而来的细雨，滋润孩子们的心田，让那幼小的心田里充满着情感，充满着爱和力量。

　　显而易见，平时的艺术教育，大大丰富了学生头脑中的想象，促进了想象能力的发展。正是艺术的积淀，使学生更加易于在情感上与作者产生共鸣，感悟到美的意境。

　　数学作为科学语言的一部分，有它的图形、图表的外表美，更有它的内在美。数学的内在美是一种科学的美，大量美妙的数，奇特而新颖的形式，数学的概念、公式和结论，其简洁性、对称性、和谐性和新奇性，就构成了数学内涵美的整体。而严谨清晰的解题思路，形象而直观的数学图形，独特而新颖的推导过程，以及在学习过程中丰富多彩的创造表现等，其核心是思维美。如教三角形面积时，教师运用多媒体电教手段，采用变形、旋转、切割等操作方法，使几何形体在学生头脑中活动起来，产生一种立体的美。学生得到了公式的理解、运用，而且在美的感受中，培养了探究精神。

　　在这方面，我校数学老师刘亚静做得就非常出色。

　　为了密切数学与生活的联系，让生活中的数学在学生的心中扎下根，我除了让学生每天坚持观察、口述生活问题以外，还初步尝试着让学生记录生活中的数学。

(1) 记录生活中的小事

　　由于学生的年龄小，认知水平有限，观察没有目的性，缺乏实效性。起初，学生没的写，觉得生活中没有什么数学。这时就需要老师有一双慧眼去发现生活中的数学。例如：在学习《克和千克的认识》前我指导学生去调查生活中的有关数据，学生接触到了新的质量单位吨，于是我就对教材进行了调整，同时进行千

克和吨的认识，学生调查了自己家、邻居家、奶奶家、姥姥家用水情况并制成一张 统计表如图：

用水量情况统计表				
家庭	我家	邻居家	奶奶家	姥姥家
用水量	10吨	7吨	8吨	5吨

　　课上学习《千克和吨的认识》后，我出示了这张统计表，让学生观察并说一说你想到了什么？学生观察统计表提出了很多数学问题，如："这四家一个月一共用了30吨水。其中，姥姥家用的水最少，我家用的水最多。"有的同学说："北京是一个严重缺水的城市，如果我们再不节约用水的话，总有一天，密云水库的水会被我们喝完，那时该怎么办？"有的同学说："国家早已开始了南水北调工程，我们不用发愁。"

　　同学们你一言我一语互相讨论着水资源问题，最后，同学们一致认为我们应该保护、珍惜生活用水，提倡：节约用水，人人有责。课后学生纷纷向家长宣传节水，并在日记中写道：通过上网我查到了我国水资源严重缺乏的信息，我提醒全国的人民节约用水、从我做起。定向采集使数学知识与生活紧密的联系起来，有利于教师的指导，在定向采集的同时，学生能够自觉发现生活中的诸多问题，引起有效注意，养成良好的生活习惯。

　　(2) 丰富日记内容

　　为了丰富学生的日记内容，使数学日记变得更有意义，我把下发的数学日记读给学生听，给学生讲如何写数学日记，并且自己做示范给学生写。慢慢的学生能够悟出数学日记的写法，并开始进行实践。

　　一位同学从电视新闻中看到美、伊战争的报道，他写了这样一篇日记：通过看新闻联播，我知道了在伊拉克战争中，美国士兵已死亡83人，英国士兵已死亡30人，而伊拉克人民所受到的损失更加严重。他们吃不饱，穿不暖，每天都生活在贫困线以下，我希望伊拉克战争赶快结束，全世界不再打仗，让全世界所有的少年儿童都能像我们一样坐在教室里上课，那该多好呀！他的日记不仅涉及到了数学知识，而且充满了对伊拉克人民的同情，呼唤和平的到来。

　　另一位同学的家由于占地搬到了梨园镇大稿村，他写了这样一篇日记：今天爸爸带我去看奶奶，奶奶的身体不太好，每天都要吃好几种药。现在我和奶奶不在一起住了，我担心奶奶忘记吃药。就想了一个办法，在一张纸上写上吃药两个

字，然后写上降压零号每天吃3次，每次吃1片，丹参片每天吃1次每次吃3片等，写完后我把它贴在了奶奶的床头边，这样奶奶就会看见了，不会忘记吃药了，我也可以放心了。这篇数学日记不仅说明了孩子会用数学而且体现了孩子对老人的关心，对奶奶的爱。

7月20日，一位同学的日记写的是乔迁之喜。她这样写道：妈妈为了我的学习在群芳新区为我买了新房。我家住在5单元7层2门。我家有一个平台既宽敞又可以看到整个梨园的景物，还可以呼吸到新鲜的空气，那是我的乐园。我家的客厅有20多平方米，我的卧室也有七八平米。我很喜欢这个家，今后我一定好好学习来报答妈妈。这些都是发生在孩子们身边的事情，他们善于观察、善于发现、善于把数学与生活联系起来，从不同角度、不同方面采集生活中的信息写出自己满意的日记。他们喜欢不断地创新。每当我看到学生的优秀日记，便与全体学生分享，从中学习他们的闪光点，慢慢的学生善于把数学与生活联系起来，养成了天天记日记的好习惯。

学教学不仅要从儿童的生活中提出数学问题，使学生产生兴趣，更好地理解数学，还必须结合现实生活中的实际问题，让学生用数学知识和数学的思维方法去看待、分析及解决实际问题，从而使学生体验到数学的价值，进一步感受到数学与现实生活的紧密联系，培养数学应用意识，提高学生的实践能力。

例如：在学习《相差关系的应用题》之前，我结合班中开展五星评比活动，让学生仔细观察五星评比栏、认真地进行比较，你能发现哪些与数学有关的内容写成一篇数学日记。同学们通过观察写出了不同的数学日记。有的同学写道："我观察五星评比栏看到我们组得了4颗创造星，3组得了3颗创造星，我们组比3组多得了1颗。我们组要继续努力！"有的同学写道："我得了4颗听写星，3颗朗读星，6颗口算星，2颗创新星，5颗合作星，一共得了20颗星。其中口算星最多创新星最少，听写星比朗读星多1颗。"还有的同学写道："我看到潘×和鞠×都得了8颗口算星，我只得了4颗口算，她们两人都比我多4颗，我还要努力！"

由于学生课前从不同角度做了观察思考并以日记的形式记录了下来。课上，他们积极主动的发表自己的见解，思维活跃，在老师为他们创设的自主学习空间里学习新知识，将数学日记中的内容灵活的转化为所学的相差关系的应用题。练习时，我让学生联系生活实际提出相差关系的问题，他们兴趣盎然都积极主动地提取数学日记中的调查内容，灵活的解决生活中的实际问题。

又如：学生观察生活的日记中写道：星期天，妈妈带我去百惠福买奶，那里

的奶可真多，蒙牛奶每袋2. 8元，每箱有12袋是33.6元，最近厂家搞促销活动，买6送1，妈妈用33.6元买了一箱奶还送了2袋，妈妈用同样的价钱买了14袋奶，等于每袋奶才花2.5元，共节约了5.6元。他们用数学的眼光去观察和认识周围的事物，自觉地把所学知识用于实际生活中，从而培养了学生应用意识和实践能力。

随着知识的增加，学生的视野不断扩展,他们学会用数学的眼光看待生活，同时，在数学日记的记录过程中，孩子们语言阐述能力、观察能力也得到了极大的提升。

刘亚静老师的成功并非个例，在学校教育实践中，此类教学审美、学科交叉的成功有很多、而老师们的成功进一步证实了这样的事实：新课改平台下，将美育与艺术学习、多学科学习综合在一起，是一项可能而且可行的学科实践内容。

3. 利用经验，使教学审美化进一步加强

在艺术课与普通课的美育试水中，我们总结出，审美化教学有三个基本的特征：

◆明显的情感激励性：即在教学过程，需要老师用情激思、以情启智，并真正地做到通情达理；

◆明确的认知形象性：在教学过程中，最能够激发孩子学习兴趣的是形象思维方式；

◆突出的思维灵活性：审美化的教学过程中，孩子们往往会变得思维不受传统的束缚，并会乐于创新、积极创新。

在美育与学科的教学融合中，我校也总结出了四大原则。

①审美化课堂要突出美感原则

想要让审美教学真正融入到学科学习的过程中去，我们便需要让各门学科、教材里本身所蕴含的丰富美育因素被完全发掘出来，使教学内容进一步凸显出构思美、内涵美与科学之美。

教学过程中，我们还鼓励老师们使用幻灯片、视频、图片展示等多种形象载体手段，使教学过程与教学形式透露出氛围美、形象美与整体的节奏美。而教师本人作为孩子们审美的另一主要对象，也被要求除了要符合学校的教师形象要求以外，再做到语言美、仪表美、人品美。

②审美化课堂应突出情境性原则

我们在审美课堂的建设过程中所要求的情境美包括了两个层面的含义：

①仅就教学内容而言，要创设出与教学内容相吻合的情境，在教育环境的具体布置、教学手段的具体运用上，进一步营造出适合于教学需要的美育氛围；

②创设出与师生教学心理相融合的和谐情境，以求进一步达到师生之间的教学共振与情感共鸣，进一步形成畅通的、立体式的交流网络，使课堂教学的效率进一步提升。

③审美化课堂应提升学生的参与度原则

美育的目的是以人为本、以美育人。我们最终的目的，是通过美的教育，调动起学生的学习积极性与主动性，使孩子们在参与的过程中，体现出主体的本质力量，进而获得成功与进步的美好体验，使学习动机的内驱动力进一步增强。

④审美化课堂应注重和谐的原则

教学之美的最高境界是和谐之美。在教学过程中，教学内容与教学形式上的统一是和谐，学生与老师之间的情感共鸣、教学共振是和谐；在教学过程中，体现出节奏有序、张弛起伏有度也是和谐；在美的教学中获得美的享受，使个人情操得到陶冶，在快乐、愉悦的氛围中获得知识，更是和谐。

可以说，美育的课堂建设、与学科教学的融合，都应建立在教学形式的外在美、教学内容的内在美、教师形象的引导美、教学氛围的创设美上，将美与教学融为一炉，给人以美的享受，实现真正的课堂教学美。

三、由校本研究，创建教学之美展示平台

我校是通州区首批课改实验校。多年以来，课改工作一直是我校干部教师关注的焦点和工作的重点。我们坚持以"促进人的发展为本"等课程理念为核心指导思想，以师生与新课程共成长为目标，立足学校实际，走"学、研、创"的校本研究之路，努力使课程改革实验成为师生展示教学之美的大平台。

1. "学"字当头，迈出课改实验第一步

课程改革是以一个全新的面孔摆在广大干部教师面前的，新理念、新教材、新教法、新课堂，这对每一位干部教师提出了新的挑战。手捧着新教材，每一位干部教师都充满着迷茫。如何理解把握新课程的精神实质成为所有干部教师都面临的一个共同问题。清楚认识课程改革的内涵是搞好课程改革的第一步。为此我校"学"字当头，采取学、训、写等多种方式学习课改理念，迈出课程改革实验的第一步。

(1) 学：利用材料，加强专题性学习

首先最大限度地发挥下发材料的作用，采取集中与分散相结合的方式进行学习。2002年8月我们组织实验教师学习了《课程改革呼唤教师角色的重新定位》《新课程、新理念、新教法》等文章，又分学科交流了假期进校组织课改培训的体会并学习了《北京市21世纪课程改革案例及评析》；组织中心校全体干部收看了录像：梁威的《立足北京，放眼世界——我对北京中小学教育的几点思考》、文哲的《信息技术与学科教育的整合》、董奇的《提高教师素质，实现教育跨越式发展》。

其次，为加强专题性学习，中心校定期下发学习资料（文字或录像资料），以教研组为单位展开学习和交流，至今，我们已组织学习了《新课程与学生的发展》《课改下的教学活动的设计与组织》《实施新课改 课该怎么备》《应善于把学生作为一种课程资源》《如何实现以人为本》《新课程教师要转变角色》《课程改革下的语文教学》《课程改革下的数学教学》《新课程改革中如何进行听评课》等文章，共下发1000余份文字资料，每次学习后都及时交流学习体会，使干部教师尽快加深对课改的认识，领悟课改的内涵。

(2) 训：三方面促进学习成果上升

课程改革是一次自上而下的全方位的改革，呈现的是一种开放的改革环境。我校每学期坚持至少邀请一个学科的专家走进学校，亲自指导课改工作。至今通州区教育分院的教研员50余人结合我校课堂教学实际进行专项培训。今年我们还与"精诚名师大课堂"建立联系，将市级名师请进校园。

学校每学期出资组织教师参加市区各类培训，如：每学期2至4名教师参加北京市教育学院组织的骨干教师培训班学习；北京教育学院组织的"绿色耕耘"教师培训活动；北京基教研中心组织的各类学科培训等。截至目前，共有30位教师参加市里组织的培训活动，其中有1位教师选派去英国培训一个月。

(3) 培：建立校本培训制度

在建立起校本培训制度中，我们主要采用了三种制度，全面保证培养过程出成果。

◆ 二次培训制

在培训人数有限的情况下，为保证一人培训多人受益，我校就发挥"教研活动反馈表"的作用，每次活动前都给参加者提出明确的任务：回来后必须详细向相关实验教师传达信息，进行二次培训。

◆ 传承培训制

充分发挥骨干教师的示范作用，每学期开学初在参加完教研中心组织的教材集中培训后，由上一年级的任课教师中的骨干教师，结合自己在使用教材时的真实情况对现在的任课教师进行介绍。这种方式更加贴近教师实际，参考价值更大，深受教师欢迎，同时也激发任课教师随时积累教学中的经验教训，以备传承。

◆专题培训制

为全面提高实验教师素质，由主管教学工作的领导针对实验中发现的问题组织开展小型专题性学习培训活动。如："如何撰写案例"、"如何进行个案研究"、"如何培养学生自主识字能力"、"如何在阅读教学中有效发挥'读'的作用"、"如何听评课"、"如何培养学生空间观念"、"课程改革中的应用题教学"、"如何处理课堂生成性资源"、"激发学生英语学习兴趣，提高英语教学实效"、"如何从观察入手，培养中年级学生作文能力"、"如何上好复习课、练习课"等不同人员的培训活动，收到较好效果。

(4) 写：总结经验，形成文字

为保证所学内容切实与工作紧密结合，学校要求教师每两周一篇学习札记，每月至少一篇教学反思（含在札记中），中心校进行抽查，中心校将教师的优秀反思打印成册下发给每一位教师，并以教研组为单位学习。目前我校的骨干教师均已养成自觉反思的习惯，优秀教学反思不断涌现出来。小街小学还以教学反思探索校本研究之路。他们已摸索出课前反思、课后反思、阶段教学反思等不同形式，教师们把写反思当作负担、任务，逐渐转化成自觉行为。

学校还开展相关征文活动，如"我学课标有感"征文；"我学课标一例谈"；"听金熙寅老师报告有感"等，学校将每次征文活动作为一次交流、推广的舞台，最大化的发挥征文作用。

形式多样的学习活动，使我校的干部教师对课改的认识由点到面，由面入深。正确的认识指导着实验教师逐步将新理念转化成教学行为。

2. "研"字紧跟，形成教师发展专业阵地

所谓"校本研究"是指以学校自身条件为基础，以学校教师为主力军，针对学校现实存在的问题而开展的有计划的研究活动。这种活动是以促进学校师生的发展为主要目的实践探索活动。而教师的发展是学生发展的基础。过去的研究指出：教师的发展在很大程度上依赖教师间互相支持和交流。即希望通过同事们在课堂上的分享、教与学上的讨论，促使教师在教学上产生合作反思和集体创意。

教研组是学校进行学科教学研究的最基层机构，是学校里有特定目标和具体特征的业务组织。它的任务是组织教师进行教学研究工作，进行专业对话，以提高教学质量，促进教师发展。可以说教研组是教师发展专业的基础性阵地。

(1) 进行调查，了解教师心中最佳教研形式

为了了解我校教师心目中最佳的教研形式，在2011年全面推进课改的调查活动中，我们展开了教师问卷调查。

◆ "你最喜欢哪种研究方式？"65位教师都认为教研组内研究氛围好。

◆ "你们教研组都组织哪些教研活动？"83位教师'异口同声'：学习、听课、讲课、评课。

◆ "给你留下深刻印象的教研活动是什么？"76位教师回答：听课；只有英语教研组的7位教师一致认为微格教学效果好，针对性强，不费时。

◆ "你有什么建议？"65位教师提出要丰富教研活动方式，围绕我们工作中的问题开展，研究点要小，实效性要强。

由此可见，教研组是大家最受欢迎的研究组织，但教研活动还有些单一、形式化。于是我校针对教研现状提出了"丰富活动内容，创新教研活动方式，提高教研实效"的校本教研主题，一些新型教研活动方式陆续诞生了。

(2) 五种教研活动，全面推进课程改革

根据调查结果，配合教师们的积极推进与学校管理层的大力协助，我们形成了五种新的教研活动。

◆问题式教研活动

◆问题式教研活动是教研组实践中探索出的一种有效的教研方式。理念指导实践，但真正将新理念落实到教学实践中还有一定距离。当教师手拿新教材走进课堂，问题、困惑一个接着一个暴露出来，这些问题将是教师走进课程改革的障碍。任何研究都起源于问题，于是教师们就从问题开始研究，

如结合语文教师反映的识字教学中的困惑，学校校先采用普遍听课的方式，由管理者听了所有一年级的识字课，感到教师们都在探索提高识字效率的有效途径，但由于教师们对新观念理解的不同，能力的不同还存在很多问题，于是针对问题中心校组织了"如何培养学生自主识字能力"的研讨活动。学习了《课程改革中的识字教学》，交流了各自的识字教学情况。

◆对比式教研活动

各教研组针对本教研组实际情况，结合教材特点，选择教材中的重点、难

点、新点集体备课，同年级教师同时授课。使教师同中求异，找出差距，从而更有针对性的改进自己的教学。这种活动方式对我对校青年教师、新任学科教师的教学能力的提高效果明显。

◆ 反思式教研活动

理念转化成教学行为需要一个过程，而教师行为变化的速度决定着课程改革的进程与成败。一位教育家曾说："要引导教师学会理性的思考教学问题，不要小看理性的思维。"教学反思能够激活教师的思考，激活他们的智慧，使他们学会理性的思考实践中的问题，找到新的研究点，找到新理念与实践有机结合的切入点。从而推动教师教学行为的转变。我们采取"确定研究内容——集中听课——课后反思——对比听课——再次反思"的形式进行活动。如：计算教学中，教师们都在努力体现算法多样化新的数学教学理念，但总是感觉为多样化而多样化，如何有效培养学生具有算法优化意识成为一个普遍问题。在2011年9月份，中心校课改数学组就以"有效培养学生的算法优化意识"为研究内容，进行了反思式教研活动。

◆ 培训式教研活动

为更进一步加强教研专题活动的实效性，我校在2011年将教研与培训结合起来，探索出"培训式教研活动"。即：结合专题性研究课进行相关专题培训。

如：新的数学教材生活化特点十分明显，一些青年教师在汇报课时总爱选择实践性强的内容，但课堂上总是表面上热热闹闹，学生活动实效性不强，体现教材缺少深度。于是课改数学组选择"角的初步认识"为内容由邱冬梅老师上研究课，课后教师们围绕如何培养学生的空间观念交流意见，然后中心校教学领导进行"如何培养学生的空间观念"的专题培训，教师们对空间观念的教学有了深刻的认识。青年教师在这部分内容的教学中，在学生活动的设计上既讲究了形式更注重了效果，尤其在调动学生多种感官建立空间观念方面注意到与生活的有效结合，真正体现了学是为用服务的。

此外我们还进行了"低年级学生训练句子的感悟能力"、"中年级习作教学中学生观察能力的培养"、"课程改革中的应用题教学"等培训式教研活动，均对青年教师某一方面知识的教学有所启发。

◆ 重点突破式教研活动

这种教研活动我们主要根据教研组重点问题通过微格教学的方式开展的。如英语教研组针对教师整体素质亟须提高的现状，每学期开展一次微格教学活动。

每次选择一方面内容，（单词教学、句子教学）教师分别准备10分钟，然后交流。

随后，课改组为调动教师研究的积极性也开展了微格教学活动，交流中教师们都感受到这种教研方式不增加负担，而且能够使每位教师的特色发挥出来，便于教师们相互学习，而且在活动中如果教师做学生，角色的转换促使他们"备学生"同时更有利于解决教研重点问题。这种以微格教学的研究形式，使校本研究活动更有计划地开展，取得了良好效果。

3. "创"字做本，发挥美育与学科教育的综合力量

在校本研究过程中，我们充分重视起了创新的力量，使美育与学科教育的综合力量再一次增强。这种创新上的成功，使我们的美育教学过程生动、立体了起来。

(1) 充分发挥校刊的作用，创造交流展示的舞台

《梨花》是我校自创的作文校刊，目前已近三年，深受广大师生的喜欢，对我校的作文教学起了很大的推动作用。参与课改实验以后，一些新生事物逐渐诞生。如数学日记是课改中教师们接触到的一个新事物，先期实验的教师都感觉到写数学日记能够引导学生观察生活、搜集整理生活信息，能够有效推动数学生活化。但是如何指导学生写数学日记，大多数教师都感到棘手。于是中心校的刘艳、邱冬梅老师给所有课改数学教师介绍经验，同时中心校在《梨花》刊上开辟"数学日记"专栏，专门刊登学生的数学日记，促进了各校交流，目前，数学日记由开始的四、五篇，而且集中在两三个孩子，增加到每期10多篇（投稿达20多篇）甚至带动了其他年级的同学。刘艳老师的经验总结《以数学日记为载体，进行数学生活化的教学探索》在全区课改教师数学经验交流会上发言。教师们在上数学课时教学内容已不局限于课本，更多的来源于学生亲自搜集到的生活信息，生活内容导入——抽象出数学知识——解决生活问题——继续探讨发现新问题，"数学生活化"的教学模式已见雏形。

2010年9月《梨花》还增设了"童话天地"、"教学反思"栏目。如今它已成为我校课程改革中师生交流的舞台。

(2) 开发校本课程，拓宽师生发展途径

校本课程是实践开发的课程模式。在教育教学实践中我们发现：童话是深受儿童喜爱的一种文学体裁，从咿呀学语开始，童话就伴随着每一个孩子一天天成长，可以说，童话对儿童综合素养的提高有着重要的影响。为此我校以促进学生

125

发展为基本理念开发了校本课程——《童话》。

根据学生年龄特点编辑了童话教材三册。第一册和第二册为《童话读本》（均为注音童话），第三册为《看图写话》。我们旨在以"童话故事"为载体，从听童话、讲童话、读童话入手，激起学生的阅读兴趣，丰富学生的语言积累，养成良好的课外阅读习惯，逐步引导学生自主阅读童话，大胆创编童话，逐步达到赏析童话，掌握一定的读书方法，从而培养和提高学生的听说读写能力，促进学生综合素养的形成。

随着学生年级的升高，教师们发现单纯的、简单的童话故事已不能满足他们的需要，为此进入四年级后，我们提高要求：阅读著名童话，逐步向名家名篇过渡。为促使学生自主阅读的习惯及能力，学校设置了阅读卡。

目前童话课是师生喜爱的一门学科，学生在听童话、读童话、讲童话，甚至拿起稚嫩的笔创造童话的过程中，不仅获取了书本上学不到知识，他们的思想也受到熏陶和启迪。由于童话课没有固定的模式，没有教学参考，这使得教师们有了广阔的自主空间，也促使教师去研究。王玉良老师总结出12种读童话的方式；王海娟老师的看图写话课形成了自己的特色，她为全区低年级语文教师做了看图写话观摩课。

(3) 开放教学管理，创造自主校本研究氛围

作为农村中心小学，校本具有两层含义，一层是以中心校为本，另一层是每个学校各自为本。为更好地体现校本研究的意义，充分调动下属学校研究的积极性、主动性，我校在教学管理方面采取统一与开放相结合的管理方式，努力营造一种百花齐放的校本研究氛围。

2009年2月开学后，改变传统计划的僵化模式，要求各校从"分析本校现状（从师生两方面进行分析），找准本校存在问题；确定本校教学管理专题；制定研究步骤、措施及目标"等方面制定本校教学总体计划。中心校开展教学管理观摩月活动。每月主管教学工作的领导深入一所学校，观摩形式各校自定，观摩后大家针对研究情况进行研讨。本学期中心小学开展校本课程的研究中，我们展示了微格教学的研究成果，五位青年教师进行了微格教学。同时，学校还组织了教学反思交流会，会上教师们交流自己的教学反思，畅谈自己对开展写教学反思活动的体会。由于大家结合本校教师、教学条件等实际出发，都收到了不同了效果。同时在观摩研讨过程中，各年级主任认为这种管理方式使得他们具有了研究的自主权，促使他们相互取长补短。

校本研究提高了干部教师研究的积极性，真正把课程改革当作一项大课题来进行，同时也促进了我校青年教师素质的提高，使美育与学校教育实践能够真正地在学习、教学、教育过程中融合在一起。

如今，随着美育相关教育活动的不断深入，我们"以美育人"的办学理想也在一点点地实现。回顾过往几年在美育上的努力，我们梨园镇中心小学的师生们充满了自豪；鉴于眼下的成功，再去展望未来时，不免升起无数信心。美育实践的初步成功，对于我们学校中的每一个人而言，都意义非凡。

这是一个新的起点。因为我们的努力，我们获得了"以美育人"成果，接下来，我们需要做的不仅仅是保持眼下拥有的教育成果——成功已是过去，眼前是新的机遇、新的挑战。我们得以站在过往的成果上，立足于更高的起点，而下一步，就是如何让自己在基础教育美育实践中，变得更优秀。

此书的经验总结，是我们梨园镇中心小学全体师生的心血汇集而成的，因实践的局限性，难免有纰漏存在。为了实现下一阶段的美育目标，进一步取得更高层次的美育成果，我们唯有再次起航。我们将更加虔诚地向书本学习、向优秀同行学习，向实践学习，并运用"拿来主义"与创新思维，使我们的美育拥有"源头活力"。

也只有这样，我们的美育实践才能在继承中创新，在创新中赢得新的发展；我们才能将自己想说的说好，敢于将做好的展示好，精于将展示好的总结好。

唯以此书，献给那些深爱教育岗位的教师们。